日本を支えた12人

長部日出雄

集英社文庫

目次

日本を支えた12人

第一章◉聖徳太子

「以和為貴」の本当の意味

有名な『プロテスタンティズムの倫理と資本主義の《精神》』の著者で、学識と分析が世界中の主な宗教と文化に及んだドイツの宗教社会学者マックス・ヴェーバーは、わが国の推古朝の皇太子についてこう述べた。

「中国からの仏教の受容を、確信を持って実行した聖徳太子の目的の第一は、それによって国民を教育することであり、第二は漢文に熟達した僧侶に政治上の重要な任務を委嘱するためであり、第三は日本の第一級の知識人である太子が傾倒した中国文化によって、日本をより豊かにするためであった」

東京帝国大学の独文学教授であったK・フローレンツによる『日本書紀』の独訳を読んで、かれはそう判断した。

六世紀の末頃に即位した推古天皇（わが国最初の女帝）の下で政務を司《つかさど》った太子は、

先進国中国の文化を大いに学んで積極的に取り入れながら、『隋書倭国伝《ずいしょわこくでん》』に明記されているように、「日出ずる処《ところ》の天子、書を日没する処の天子に致す」という書出しの国書を送って、世界に天子は自分しかいないと考えていた隋の煬帝《ようだい》を激怒させた。渺《びょう》たる島国であるのに、まるで比較にならない程の超大国に対して、しかしわが国は貴国の属国ではない、という独立自尊の外交を始めたのである。

太子に関して一番馴染《なじ》み深いのは、漢文で書かれた「憲法十七条」の第一条の冒頭に掲げられた「以和為貴」という語句だろう。今の人は何の不思議も感ぜずに、これを「和《わ》を以て貴しと為《な》す」と読んでいるが、平安時代の読み方は違っていた。

推古十二年（六〇四）に制定された「憲法十七条」は、独立した文書としてではなく、太子が薨去《こうきょ》してから約百年後に完成する『日本書紀』に引用された形で後世に伝わった。

それが載っている「推古紀」の部分の写本としては最古の通称「岩崎本」（三菱《みつびし》財閥本家の岩崎家の所蔵品であったことからそう呼ばれ、平安前期の写しと推定される）には三種類あって、「和」の字にはそれぞれ「ヤハラカ」「ヤハラカナル」「アマナヒ」と読み仮名が振られている。

鎌倉時代に写された「吉田本」（卜占《ぼくせん》を職務とする神官の占部《うらべ》家に伝わるもので、占部家が鎌倉時代から吉田と名乗ったためそう呼ばれる）の振り仮名は「アマナヒ」で、これは「同意する」「和解する」の意味の古語だ。

聖徳太子の実在を精細な本文批判に基づいて否定する学説が出る以前から、「憲法十七条」を太子の真作ではないという説は少なくなかったが、漢文学と国文学の双方に精通する碩学《せきがく》小島憲之《こじまのりゆき》は、その文章が「推古朝の頃の作であることは信じてよい。かりに一、二の語句について、推古紀の筆者の筆が加わっているにしても、十七条の文章がもともと太子の撰でないと断言はできない。またその草稿の過程に於《お》いて、太子をめぐる側近者、帰化僧たちが作文に参加したことは当然であろうが、最後の責任者が太子である以上、それは太子の撰とみなすべきである」といい、「以和為貴」は「和《あまな》ふことをもちて貴しとし」と読んだ。

ここでは太子の真意が必ずしも正しく伝わっているとおもえない原文を熟読玩味するために、岩波書店刊『日本古典文学大系　日本書紀』の憲法第一条の読み下し文を（新字新仮名にして）引くことにしよう。

一《ひとつ》に曰《い》わく、和《やわらか》なるを以て貴しとし、忤《さか》うること無きを宗《むね》とせよ。人皆党《たむら》有り。亦《また》達《さと》る者少《ひと》し。是《ここ》を以て、或《ある》いは君父《きみかぞ》に順《したが》わず。乍《また》隣里《さととなり》に違《たが》う。然《しか》れども、上《かみ》和《やわら》ぎ下《しも》睦《むつ》びて、事を論《あげつら》うに諧《かな》うときは、事理《ことおの》自ずからに通う。何事か成らざらん。

歴史学者でない当方は、判断の基準を何よりもまず「文体」におくが、人は多くの党に分かれて対立しているけれども、上下が和らぎ睦み合い、一体となってよく論議を尽すならば、何事もなし得ないことはない……と説くこの文章に示された視野の広さと見識の高さは、到底官僚的な思想の持主の作文ではなく、王者の視点の外からは生れ得ない性質のものであるとおもわれる。

では、太子はこれを最初に発布する時、「和」をどう発音されたのであろうか。この問題を探るためには、わが国における文字と国語の関係を遡って考えなければならない。遠い昔、わが大八島国《おおやしまぐに》は文字を持っていなかった。そこへ仏教の伝来と共に、まず経典という形で渡って来た漢文を、初期の仏僧を中心とする知識層は、本国の人と同じ発音で読んでいた。すなわち「音読」である。

そこにやがて、朝鮮の「吏読《りと》」(漢字の音訓を借りた朝鮮語の表記法)に倣って、わが国にも漢字に国語の意味を当て嵌《は》めて読む「訓読」が生れた。

「山」は中国の発音では「サン」だが、わが国の言葉でいえば「やま」のことであるから、山を直接やまと読む方式である。また「以和為貴」を「和を以て貴しと為す」と読むように、漢文の語順を国語の形に変えて読む倒読法も、推古朝以前にすでに生れていた。

群卿《ぐんけい》と官吏の服務規律である「憲法十七条」は、全文が訓読と倒読を重ねて国語に直し、漢字が読めない多くの下級官人も暗記して朗誦するための漢文として編まれたのに違いないから、「和」も多分「ヤハラカ」とか「アマナヒ」とかの国語で読まれた筈《はず》とおもえる。

だが、この字だけを「ワ」と音読したとすればどうであろう。

吉川弘文館の人物叢書『聖徳太子』を書いた東大名誉教授坂本太郎は「岩崎本の『日本書紀』（東洋文庫蔵）には古訓がつけられているので、その古訓に従って訓《よ》むのが学問的だという考えもある。しかし、それは平安時代にそう訓んだというだけで、太子が果してそう訓ませるつもりであったかどうか、全くわからない。むしろ直接原文について、今日いかに訓んだら一般によく理解されるかという線に沿って進むという方法を私は取る」として、憲法第一条の冒頭の一句は読み仮名を振らず「和を以て貴しとし」と記した。

中公クラシックス『聖徳太子』に、十七条憲法の読み下し文と訳文を書いた瀧藤尊教《たきとうそんきょう》（和宗総本山四天王寺第一〇五世管長）も、そこは「和をもって貴しとし」として、「和」の字に読み仮名は振っていない。

ここからは私の考えになるのだが、「和」を「ワ」と音読すれば、それは「倭を以て貴しと為す」の意味にも取れる。僧侶や貴族、上級官吏の識字層は、太子が「和」の文字に籠めた両義性を、恐らくその通り明確に理解していたに違いないとおもう。

白川静『字統』によれば「倭」とは「稲魂《いなだま》を被って舞う女の形で、その姿の低くしなやかなさまをいう」の意味とされており、一世紀に出来た『漢書』地理志に出て来る「倭人」が、「倭」が「矮《わい》」に通じるため最初から「背の低い人」という意味の蔑称であったかどうかは解《わか》らない。

昔から自意識と劣等感が強かったわれわれの先祖の方が先に蔑称と取った気味もあったのではなかろうか。

太子は「倭」を「和」として、その劣等感を自尊心に変えようとしたものとおもわれる。

「倭を以て貴しと為す」は、その後の「人皆党有り」と対をなす国家観、政治観だ。

中国を統一した漢王朝が、一旦滅亡した後、再興された後漢の時代に作られた『漢書』の地理志は、前漢の時代のわが国についてこう記す。

「楽浪海中に倭人あり、分れて百余国を為す」

この百余国の流れに連なって対立と抗争を繰り返す豪族達の一族郎党が、太子のいう「党」なのであろう（楽浪海とは朝鮮半島の周囲の海だ）。

太子が示したのは、その頃の大八島国の人びとが考えたこともない新しい思想であった。

各地の豪族が割拠して作る「党」の上に、「倭」という国家がある。それを貴しとして党派の対抗心を捨て、上下が一体となって和やかに論議を尽すならば、事理が自ずから通じて、何事もなし得ないことはない……というのである。

これは現代にも通じる民主主義の基本原理の理想的な姿といってよいであろう。わが国は推古朝の昔からそのような民主主義の理想を目ざす国であったのだ。

「五箇条の御誓文」の原型

太子の思想が、わが国の歴史の地下水脈を千二百年以上にわたって絶えることなく流れ続けて来たことは、明治天皇が宣布した「五箇条の御誓文」によって証明される。

その「広く会議を興し、万機公論に決すべし」と「上下心を一にして、盛に経綸《けいりん》を行ふべし」と、「憲法十七条」の第一条とを比べて見て頂きたい。精神において殆《ほとん》ど同一ではないか（わが国が自主憲法を制定するとすれば「憲法十七条」と「五箇条の御誓文」の精神を生かすところから始められなければならないだろう）。

現代において、「和を以て貴しと為す」の日本的な「和」とは、何事もなあなあで折合いをつける妥協的な談合状態のように貶《おとし》めていう解釈が一般的だが、太子の真意がそうであったとはとてもおもえない。

党派の対抗心に囚《とら》われることなく、上下が一体となって和やかに、問題の解決点が見つかるまで徹底して論議を尽せ、というのが本来の趣旨と考えられる。

太子は「倭」を「和」に変えることによって国民に誇りを持たせ、しかもなお党派の上にある「倭」という外国から見た国家の重要性を悟らせることによって、いかなる外圧にも屈しない独立自尊の精神を強めようとした。

「憲法十七条」は群卿と官吏の服務規律であって、同時に「和国」の独立宣言書でもあったのである。

「憲法十七条」の第二条「篤く三宝を敬え。三宝とは仏・法・僧なり」は、「五箇条の御誓文」の第五条「智識を世界に求め、大に皇基を振起すべし」に通じるものだ。

自国の自主性を重んじつつ、先進国の文化を積極的に取り入れようとした太子の極めて本質的な仏教受容がなければ、わが国の文化は東洋の一島国の枠内にずっと閉じ籠ったままであったろう。

それぞれの氏神を奉じて対抗し争い合っている大八島の数多くの党を、新たな普遍性を持つ仏教によって統一しよう……という考えもあったとおもわれる。

太子が国史に齎《もたら》した画期的な変化は、既に推古二年に天皇が皇太子と大臣に発した「三宝興隆の詔」に則り、当時の世界宗教である仏教を国の重要な柱としたことで、これがどれほど「和国」の文化の深さと豊かさを増したか解らない。

太子の仏教に対する最初の考え方は、蘇我馬子《そがのうまこ》を始めとする当時の崇仏派と同様に、先進の外国の文明を取り入れることによって、現実的な利益を得ようとする——実利的な開明思想であったのかもしれない。

もともと蘇我氏と物部《もののべ》氏の新旧二大豪族の対立と抗争があったのに違いないが、特に仏教の受容をめぐって、崇仏派の蘇我馬子と排仏派の物部守屋《もりや》の間に激烈な戦いが起った時、蘇我軍の一員として戦場に出た厩戸皇子《うまやどのおうじ》（父用明天皇と母穴穂部間人皇女《あなほべのはしひとのひめみこ》が共に母方において蘇我氏の血に繋《つな》がっている）は十四歳であった。

厩戸皇子は仏に勝利を祈り、勝てば仏塔を建て仏法の弘通《ぐずう》に努めるという誓いを立て、結果としてその願い通り、物部軍を討ち滅ぼして終る戦の現実は、数多《あまた》の屍《しかばね》が戦場一杯に散乱して腐乱する——残忍で凄惨極まりないものとなった。

このあと即位した崇峻《すしゅん》天皇の元年に、わが国で最初の本格的な仏教寺院法興寺（後の通称は所在地の名を取って飛鳥《あすか》寺）の建立が始められたが、政治の実権を握った蘇我馬子の専横を憎んでそれを口に出した崇峻天皇は、馬子によって暗殺され、空位となった皇位を継いだ推古女帝（母が蘇我氏の娘）のもとで、甥《おい》の厩戸皇子が皇太子となって執政の任に就いたのは弱冠二十歳の時——。

執政になって最初に取りかかったのは、難波・四天王寺の建立であった。物部軍との戦に出る前、勝てば仏塔を建て仏法の弘通に努めると誓ったことを実行に移したのだ。

この寺院は、僧侶が本尊を拝し、法華《ほけ》・勝鬘《しょうまん》両経を読誦《とくしょう》して仏道に励む本堂の敬田院に加え、寺垣外に病者や貧者のための施薬院、療病院、悲田院の三箇院が併設されていたと伝えられる(『日本書紀』にそう書かれている訳ではない。それにはただ「四天王寺を難波の荒陵《あらはか》に造る」と記されているだけだ。だが鎌倉時代までは実在したと伝承で語られる構造が、本堂で読誦される『勝鬘経』の内容と無関係であるとはおもえない)。

伝承によれば、施薬院は薬草を栽培し調剤して外来の患者に与え、療病院は無縁の病者を収容して医療を行ない、悲田院は孤児や孤独な老人や困窮を極める貧者や無頼の者を寄宿させ食を施して飢えさせない。

これらの施設は、太子が非常に重んじた『勝鬘経』の中で、主人公の女性信者である天竺《てんじく》(インド)の勝鬘夫人が世尊(釈迦如来《しゃかにょらい》)に立てた十の誓願のうちの一つ、

「世尊よ、私は身寄りのない者、牢に繫がれた者、病気で苦しむ者、貧しさで困窮する者、大厄に遭った者に出会った時、かれらを見捨てたり打ち捨てたりは決してせず、必ず安穏に致します」

という誓いを具体的な形にしたものとおもわれる。

そして争乱と権謀術数が渦を巻く世で、めったに見られないこのような人間性と感受性、構想力と実行力を兼ね備えた若者に、私は稀有《けう》の俊才の面影を見るのである。

やがて執政として十年以上の年輪を重ねた太子は、大臣として権力を握る蘇我馬子と協同して自ら考えた「冠位十二階」と「憲法十七条」の制定を終えた後、飛鳥の都から

かなり離れた斑鳩宮《いかるがのみや》に遷《うつ》って、次第に仏法の研究に専念するようになるのだが、推古天皇十四年七月、天皇は太子を招き、三日間にわたって『勝鬘経』の講義を聞かれた。当然その講筵《こうえん》には、多くの女官も連なっていたに違いない。

古い小乗仏教では、女人には五種の障りがあるから往生は叶《かな》わない、とされていたが、『勝鬘経』は、インド舎衛国王の王女で阿踰闍《アヨージャ》王の后となった在家信者の勝鬘夫人が、訪れた世尊の前で自分が悟った大乗の正法を述べて、それを人びとに説くことを許される……という内容の経典である（ご承知とはおもうが、小乗と大乗の違いは、小乗は出家者だけを乗せる小さな乗物、大乗は衆生の全てを乗せる大きな乗物という意味だ）。

太子が『勝鬘経』を重視したのは、推古天皇が二十歳年上の叔母であったことと無関係でないかもしれない。つまり推古天皇を勝鬘夫人に見立てたのでは……と推察される。

このとき女人往生をはっきり肯定した『勝鬘経』の講説を、尊敬する太子から悉《つまびらか》に聞いて、並み居る女官達はさぞ大きな希望と勇気を与えられたことであろう。

太子が薨去した後、遥《はる》かに歳月を経た後代においても、法隆寺に詣でて「百済《くだら》観音」を拝した女性は、男性にも増して深い感動と共感を覚えたのではないかとおもう。

法隆寺の仏像の中で、最も多くの人に愛され、遠く海を渡って行った先のルーブル美術館で開催された特別展示においても、パリ市民から「時代を超えた素晴らしい彫刻」と絶賛されて、「東洋のヴィーナス」と称された百済観音は、昔からその名前で呼ばれていた訳ではない。

そう呼ばれるようになったのは、実は明治以降のことで、それまで法隆寺では「虚空《こくう》蔵菩薩《ぞうぼさつ》」という名で安置されていた。

虚空のように広大無辺な智慧《ちえ》と功徳《くどく》を蔵して、衆生の諸願を成就させるという菩薩で、法隆寺の礎を築いた太子の本地仏（この世に神となって現れた化身の——本来の仏としての姿）とする信仰に根差して長く崇拝されてきた。

「虚空蔵菩薩」が明治十九年（一八八六）に宮内省・内務省・文部省の合同で行なわれた法隆寺の宝物調査の目録に「朝鮮風観音」と記されたのは、調査に当った日本美術研究の先覚者岡倉天心らの鑑識眼にそう映ったからであった。

「百済観音」という呼び名の初出は、大正六年（一九一七）刊の『法隆寺大鏡』の解説とされ、二年後に刊行されて一世を風靡《ふうび》する大ベストセラーとなった『古寺巡礼』に、著者和辻哲郎が「これは虚空蔵菩薩と呼ぶのが正しいのかも知れぬが」としつつ「百済観音」と書き、さらに七年後、京都帝国大学教授の考古学者濱田耕作も論文にそう記したことによって、以来誰もが用いる通称として定着するに至った。

では、これが朝鮮から渡来したものかといえば、そうではなくて、日本で作られたものと解《わか》るのは、用材が（西川杏太郎元奈良国立博物館長の説によれば）日本の七世紀の木彫仏にだけ使われた材質が固くて香りがいい樟《くすのき》だからである。従ってこれはやはり

「虚空蔵菩薩」と呼ぶべきなのであろう。

もとは法隆寺金堂の壇上にあり、今は平成十年に落成した「大宝蔵院・百済観音堂」に安置されている実物に接して、まず驚かずにいられないのは、二〇九・四センチという立像の背の高さである。

それは一見「巨大」という印象さえ抱かせるが、その一語だけでは到底いい表せないとおもわれるのは、極めて細身でいわばひょろ長い姿勢から、同時に「繊細」という感じも受けるからだ。

「巨大」と「繊細」という二つの相反する感覚が、一体の像の中に共存し捩《ねじ》れ合って立っているところから感じられるのは、限りない静寂と底知れぬ優しさであり、あらゆる俗塵《ぞくじん》を超越して、仰ぎ見る神秘的な高みに達した——温和で控えめな女性風の面影である。

百済観音を「東洋のヴィーナス」と呼んだフランス人もそう感じたのに違いないが、私もそれを女性以外のものとして見ることはできない。

そしてこの立像は全体として、「和なるを以て貴しと為す」という言葉を「憲法十七条」冒頭の第一句とし、「女人往生」を宮廷で説いた太子の精神を見事に体現しているように感じられるのである。

少年の日に戦の悲惨さを知り、青年時代は苛烈《かれつ》な権力闘争の渦中に身を置いた太子は、中年以降学問寺の斑鳩寺で仏法の研鑽《けんさん》に励む日々を送って、「世間虚仮《こけ》、唯仏是真」（現象の世界は仮の姿で、ただ仏の世界のみが真実である）という境地に達した。

では太子はひたすら仏のみを奉ずる仏教原理主義者かというと、決してそうではない。

推古天皇は太子から『勝鬘経』の講義を聞かれた翌年の早春、

「古来、わが皇祖の天皇たちは、世を治めるのに、篤く神祇《あまつかみくにつかみ》を敬い、あまねく山川を祭って、乾坤《あめつち》に心を通わされた。わが世においても神祇の祭祀を怠ることがあってはならない。群臣は心を尽して、神祇を拝《いや》び奉るべし」

と詔されて、神祇を礼拝する儀式を主宰され、太子は大臣と百僚を率いてこれに参列した。「和なるを以て貴しとし、忤うること無きを宗とせよ」と説く太子が、外来の仏教を信じたからといって、古来の神祇を蔑《ないがし》ろにする筈はない。

そもそも神祇（天津神と国津神）という言葉に示されているように、新しい神と古い神を共に信仰するのが、他のどこの国にもない和国独自の国風であって、太子の仏教信仰はその伝統に則ったものといえるのである。

非凡な人間観察眼

「憲法十七条」が、官僚的思考の持主の作文とはおもえず、組織に属さない人の目にしか映らない真実を語っていると感じられる箇所を、各条から抜粋し、私の解釈と読み下し文を交えて紹介しよう。

第五条に曰《いわ》く、貪欲を棄てて、明らかに訴訟を弁《さだ》めよ。百姓の訴訟は一日に千事あり、ましてや年を重ねれば厖大《ぼうだい》な数に上る。このごろ訴訟を司る者、利を得るを常とし、賄《まいない》を見て申し立てを聴く。

「すなわち財ある者の訴訟は、石をもって水に投ぐるが如く、乏しき者の訴訟は、水をもって石に投ぐるに似たり。ここをもって、貧しき者はせんすべを知らず」

古代中国千年間の作を集めた厖大な詩文集『文選』の中の李康「運命論」に由来する「石」と「水」を用いた比喩が実に卓抜で、述べた人の極めて公平な観察眼が、組織の内部にいる人の官僚的な見方とは別種のものであることを強く実感させる。

これを発した人は、余程の人間通に違いない……と感嘆せずにいられないのは、第十条に示された視界の広さと、自他を客観視する能力の高さだ。

「こころの忿《ふん》を絶ち、おもての瞋《しん》を棄てて、人の違《たが》うことを怒らざれ。人皆心あり。心おのおの執るところあり。かれが是とするをわれは非とし、われが是とするをかれは非とす。われかならずしも聖にあらず、かれかならずしも愚にあらず。ともにこれ凡夫のみ。是非の理、たれかよく定むべけん。相共に賢愚なること、鐶《かなわ》の端なきが如し。ここをもって、かれは瞋《いか》るといえども、かえってわが失を恐れよ」

人の考えは各々の立場によって違う。だから、自分の感情をすぐ表に出さず、常に相手の考えをも尊重しなければならない。この観察は人間を上下関係ではなく、みな同じ平面に立つ者として考える人の目にしか映らないものとおもわれる。

「凡夫」とは、仏教で未《いま》だ悟りに到らない者をいう言葉で、われもかれも「共是凡夫」のみの句は、第一条の「以和為貴」と双璧をなす達観といえよう。

組織に属さない人の目にしか映らない真実が語られている……と前に記したが、組織内の人間の心理にもよく通じていたことを示すのが第十三条だ。

「もろもろの官に任ぜられし者、ひとしくその職掌を知れ。あるいは病し、あるいは使者に出て、事に闕《か》くることあらん。しかれども知ることを得る日には、うなずくこと前より識《し》れるが如《ごと》くにせよ。それ与《あずか》り聞かずというをもって、公務を妨げるなかれ」

病気や出張で留守中に職務上で起った出来事にもよく通じていなければならず、伝えられた時は前から知っていたように頷き、それは聞いてないぞ……等といって、仕事を滞らせてはならないというのである。これは組織の内部事情にも精通していなければ出て来ない言葉であろう。

全体の結論として告げられる第十七条はこうである。

「それ事を独り断《さだ》むべからず。かならず衆と論《あげつら》うべし。小事はこれ軽し。かならずしも衆とすべからず。ただ大事を論うにおよびては、もしや失あるを疑う。ゆえに衆と相《あい》弁《わきま》えるときは、辞《ことば》すなわち理《ことわり》を得ん」

最初の第一条と最終の第十七条が見事に相呼応し、それこそ鐶のような円環を形作っていて、太子が「憲法十七条」の眼目としたのが和《やわらか》なる「衆議」であったことは疑いないとおもわれる。

非凡な人間観察眼の持主であることが明らかな太子が、群卿と官吏に政治の倫理と論理を説いた「憲法十七条」を発布したのは、『日本書紀』の記述によれば推古天皇の執政となって十二年目、三十一歳の時であった。

八つの耳を持つ言語感覚

太子について、今の若い人でも聞いた覚えがあるのは「一遍に十人の話を聞いて全部ちゃんと理解した」という逸話だろう。もとになった『日本書紀』の原文はこうだ。

「一《ひとたび》に十人《とたり》の訴えを聞きたまいて、失《あやま》ちたまわずして能《よ》く弁えたまう」

これを現代では、十人が一遍にがやがや喋ったのをちゃんと十通りに聞き分けた……などという解釈が行なわれているが、そんなことのあり得よう訳がない。

当時、大八島の諸国の人びとは、各々の地域によって甚だしく異なる方言で意思を通じ合っていた（党によって言語がまるっきり違っていたといってもよい）。太子はさまざまな地域から朝廷にやって来て、次から次へと異なった外国語のような言葉で話す各自の訴えの要点を、的確に聞き取って記憶する優れた言語感覚と頭脳の持主で、だから「豊聡耳皇子《とよとみみのみこ》」とも「八耳命《やつみみのみこと》」とも呼ばれて尊ばれたのである。文字言語に比して音声言語の比重が後世とは比較にならない程大きかったわが国の上代において、「耳」のよさと頭のよさ、判断力、記憶力の確かさは切り離せないものだった。

太子は年少の頃から高句麗《こうくり》より渡来した僧慧慈《えじ》について仏法を学び、儒教を百済から来た博士覚哿《かくか》に習って、父用明天皇に愛でられる英才ぶりを示した。仏法と儒教を学ぶのは、漢文を正確に読む語学を習得することであり、また百済・高句麗とその向うに広がる大国隋の文化と政治の実情を知ることでもあったろう。

秦、漢に続く三度目の中国統一を成し遂げて、隋王朝を開いた文帝が、長安に都を定めたのは太子が十歳の時である。

隋朝は律令を整え、科挙の制度を創出して、従来の家柄による官吏の採用に画期的な変革を齎《もたら》した。太子が氏族の貴賤を問わず実力本位で人材を登用し昇進させる「冠位十二階」の制度を後に定めたのは、それに影響を受けて案出されたものとおもわれる。

推古三年、太子はわが国に帰化した慧慈と、新たに来朝した百済僧慧聡《えそう》を、共に師として三宝の棟梁《とうりよう》に立てた。慧聡は最新の海外情勢の貴重な情報源でもあったに違いない。

小野妹子をめぐる絶妙のドラマ

隋の初代皇帝文帝は名君であった。律令の整備と科挙の創設のほかに、仏教を重んずる「仏教治国策」を取って民心を安定させた。

隋に先立つ北周の第三代皇帝武帝は、儒教のみを重んじ、仏教と道教を厳しく禁圧して民心を失った。その禁圧を解いた文帝は、初めのうち仏教と道教を平等に復興させる政策を取っていたが、次第に仏教に集中して力を注ぐようになり、自ら宮中で菩薩戒を受け、二十三年間の在位中に得度させた僧尼は二十三万人、建立した仏寺は三千七百九十二に上るという大仏教国家を築き上げた。

隋の第二代皇帝煬帝は、父文帝の仏教尊崇を受け継ぎ、全国に経蔵六百十二を建て、百万巻に近い経巻を納める等の護法事業を行なったが、一方で途轍《とてつ》もなく壮大で強引な夢を描く性格の持主で、華北と江南を結んで総延長二千五百キロに及ぶ大運河の開削を、百万の民衆を動員して短期間に強行した。

また高句麗の征服を目ざして三度も遠征の軍を発した。父文帝が前に企てて果せなかった願いを、自分が実現しようとしたのだが、第一次、第二次、第三次とも遠征は失敗に終り、隋の滅亡を招くもとになった。

太子が小野妹子を遣隋使として煬帝のもとへ送ったのは、最初の高句麗遠征が行なわれる四年前で、隋の勢威がまだ隆々として四方に及んでいた時期である。

使者に選ばれた小野妹子の冠位は「大礼」。これは上から大徳・小徳・大仁・小仁・大礼・小礼・大信・小信・大義・小義・大智・小智と並ぶ十二階の中の中位である。特に名のある家柄の出身ではないので、実力によってその中堅官僚の地位を得たのであろう。

そして帰国後、遣隋使の大任を果した功績によって、小野妹子は最高位の大徳冠に栄進した。このような能力本位の「冠位十二階」と、隅々まで周到な気配りの行き届いた服務規律「憲法十七条」の制定によって（中堅の官吏小野妹子の働きに象徴されるように）官僚制の機能と活力を著しく高めたであろうことは、太子の政治家としての重要な業績であるといわなければならない。

小野妹子を迎えた煬帝の反応はどうであったのか、ここは大事なところなので、その情景を伝える岩波文庫版『隋書倭国伝』の原文の読み下し文を、新字新仮名にして引きたい。

大業三年、其の王多利思比孤、使を遣わして朝貢す。使者曰く、「聞く、海西の菩薩天子、重ねて仏法を興すと。故に遣わして朝拝せしめ、兼ねて沙門数十人、来って仏法を学ぶ」と。其の国書に曰く、「日出ずる処の天子、書を日没する処の天子に致す、恙《つつが》無きや、云云」と。帝、之を覧《み》て悦ばず、鴻臚卿《こうろけい》に謂《い》って曰く、「蛮夷の書、無礼なる者有り、復た以って聞するなかれ」と。

大業三年は煬帝の世の年号で、『日本書紀』が小野妹子を遣わしたとする推古十五年と符合する。「多利思比孤」は天皇を指すとおもわれるが語源は不明で、鴻臚卿は隋の外相である。

この記述の後半の部分はよく知られているが、当方が注目したいのは前半の部分だ。太子の国書について「余りにも外交儀礼を知らなすぎる」という批判がわが国の国内にもあるが、小野妹子は倭国の王の使者として最初に煬帝の前に出た時、王の言葉として「海西の菩薩天子」という最高の称号を伝えて、仏教興隆に尽した功績を讃え、菩薩天子を拝してその仏法を学ぶため、かように多くの沙門と共にやって参りました……と、最大限の外交儀礼を尽しているのである。

口頭では遜《へりくだ》って仏法の母国に敬意を表し、文書では対等の立場を主張する。この両面作戦は、外交的に洗練された一流の論理であり修辞法といっていいだろう。

しかし、煬帝はやはり面白くない。そこで多分おもい上がった小国の王の非礼を鋭く窘《たしな》める返書を小野妹子に持たせた。ところが帰朝した妹子は「帰りに百済を通った時、隋の帝の書を百済人に盗まれてしまいました」と報告し、上司は「大国の書を失うとは、何という重大な過ちを犯したのだ」と激怒してかれを流刑に処した。

その時推古天皇は、「書を失った罪はあるが、妹子を軽々しく罰してはならない。かのもろこしの客に聞えがよくない」と詔して、妹子を流刑地から呼び戻させた。「もろこしの客」というのは、小野妹子の帰朝に同行していた隋の外交使節裴世清《はいせいせい》とその部下十二人のことである。

煬帝がそれだけの外交使節団を送って来たのは、隋の宮廷における小野妹子一行の挙措と携えて来た国書から、倭国が軽視できない国であることを知り、構想中の高句麗遠征を実行に移す際味方につけようという計策に基づくものであったと想定される。

使節団が妹子と共に筑紫に着いたのが、推古天皇十六年の四月。わが国が難波に新たな迎賓館を建て、難波津に飾船三十隻を仕立てて一行を出迎えたのが、六月の十五日。妹子はここで煬帝の国書を失ったことを報告し、憤激した上司はかれを追放した。裴世清は、煬帝の国書が天皇には届かないことを知る。

八月三日、飛鳥の都に入った隋の使節団は、飾騎七十五匹の歓迎を受けて、わが国の朝庭《みかど》に導かれた。使主裴世清は、庭上に隋の進物を置き、天皇に再拝を二度繰り返してから、使いの旨を記した書を読み上げた。

それは冒頭において「朕（煬帝）は天命を受けて天下に臨んでいる」と天子は天下に

一人しかいないことを宣明し、大礼の位を持つ蘇因高《そいんこう》（小野妹子の隋側の呼び名）の来貢を嘉《よみ》しながら、倭国の独特の国情と風俗を最大限に誉《ほ》め称《たた》え、外交儀礼を十分に尽したものであった。

裴世清の一行は、九月五日に難波の迎賓館で饗応を受け、十一日に帰国の途に就いた。

この時、わが国の大使として、帰国する裴世清に同行することになったのが、一旦流罪に処されながら、推古天皇に赦されて呼び戻されていた小野妹子である。

天皇は現代語にすれば次の要旨の書を、妹子に託した。

「東の天皇が謹んで西の皇帝に申し上げます。外交使節の裴世清らがわが国に至り、久しく国交を求めていたわが願いが叶いました。ようやく涼しい季節になりましたが、貴帝は如何お過ごしでしょうか。お変りないことと存じます。こちらに変りはありません。今、大礼蘇因高を使いとして参らせます。不備ですが謹んで申し上げます」

この時妹子について隋に渡った留学生は八人で、その中には後に大化改新の原動力となる南淵請安《みなぶちのしょうあん》や高向玄理《たかむこのくろまろ》が含まれていた。

そして一年後に帰朝した小野妹子に、今度は最高位の大徳冠が授けられることになったのだった。この一連の絶妙な成行きの劇の筋立てと演出が、官僚の会議から生れる筈はない。それを考え出したのは一体誰なのであろうか。

聖徳太子は実在する。私にはそうとしか考えられず、和国の独立を国内と海外の双方において達成した政治家に、深い敬愛の念を抱かずにはいられないのである。

第二章◉天武天皇

式年遷宮の創始

世界中で唯一わが国にしかない式年遷宮の本質を、極めて端的に解き明かしているとおもわれる書物がある。世界的な宗教史家ミルチャ・エリアーデの『永遠回帰の神話——祖型と反復——』（堀一郎訳）だ。

わが国ではちくま学芸文庫の『世界宗教史』（全八冊）で知られる著者は、その驚異的な博学多識に基づいてこう語る。

古代のメソポタミア人、シュメール人は、天上に神々が創造した理想の地があると考え、地上の存在はそれを忠実に写すものでなければならないと信じた。

聖所や神殿の祖型は、全て天上に存在する。古代イスラエル人が崇拝した創造主ヤハウェは、聖所の作法について預言者モーセにこのように告げた。

「凡《すべ》てわが汝《なんじ》に示すところに従い、幕屋の式様およびその器具の式様に従いて、これを作るべし」

その後、古代イスラエルの最盛期を築き上げた王ダヴィデは嫡子ソロモンに、幕屋(移動式の神殿)に代る本格的な神殿の建築とあらゆる器具の式様を示していった。

「この工事の式様は皆ことごとくヤハウェのその手をわが上に下して我を教えて書かせ給いしものなり」

エリアーデはこうした神殿の建造儀礼を、神による天地開闢《かいびやく》のわざの再現で、現在が原初の神話的な空間と重なる時間であり、祖型への回帰とその絶えざる反復こそが、天地創造以前のカオスをコスモスに引き戻して、永遠に通じる道であると考えた。

かれをそういう思考に導いたのは、ヘーゲルからマルクスに至る——世界は理想的な唯一の未来に向って着実に前進して行くものであるとする明快な進歩史観と、現代の人間の個的実存を問題の中心に据える実存主義への、共に容認することのできない疑問と不信感であった(エリアーデが『永遠回帰の神話—祖型と反復—』を著したのは、第二次世界大戦の終了後、マルクス主義と実存主義が世界中を席巻していた時代である)。

ルーマニアに生れてブカレスト大学に学び、母国語に加えて仏語、独語、伊語、英語、ヘブライ語、ペルシア語、サンスクリット語の八箇国語に精通したエリアーデは、インドのカルカッタ大学に留学し、更にヒマラヤ山中の僧院に半年籠ってヨガの修行に集中しつつ、独自の壮大な理論体系を作り上げたのだが、かれ自身は『世界宗教史』に伊勢神宮について何も書いていないところからすれば、見たことは勿論《もちろん》聞いたこともなかったのに相違ない。

だが、もし日本を訪れて、伊勢神宮に詣でたとしたら、自分の理論が具体的な佇《たたず》まいで実在する姿に接して、どんなに驚きかつ感銘を受けたことだろう。

エリアーデがヒマラヤの山中から帰国し、ブカレスト大学の教壇に立っていた一九三三年（昭和八年）、ドイツの世界的建築家ブルーノ・タウトが、ナチスの追及を逃れてわが国に亡命して来た。来日して五箇月目、伊勢神宮を訪ねたかれが、最初に目にした外宮《げくう》正宮本殿の建築美にどれほどの感銘を受けたか、その当日に記した日記の文章（篠田英雄訳）によって紹介しよう。

「世界に冠絶する唯一独自のこの古典的建築を、どう言ったら適切に描写できるだろうか。ここではスケッチや写真は堅く禁じられている」

だが構造は外から見ても一目瞭然で、太い円柱の上に厚い茅葺《かやぶ》きの屋根を支える垂木が載せられていて、全て構造のみ、材料のみで極致に達した「型」そのものだ。まことに単純な切妻屋根の建物で、純粋な日本の精髄といえるこの形式の起源も最初の建築家も不明だが、

「定めて天皇そのものと同じく天から降ったものであろう。実際、そうとしか考えられない」

それほど施工と釣合は純粋無雑であり、また二十年目毎に造替が繰り返されているので、材料は常に新しくてこの上もなく浄潔だと記し、後で瞥見《べっけん》した内宮《ないくう》と別宮の印象も含めて、その日の日記はこう結ばれる。

「伊勢神宮には古代のままの詩と形とが今なお保存されている。ここにはヨーロッパ人の言う意味の宗教はない、しかし伊勢神宮に対する崇敬の念を誰が拒み得ようか」

そして著書『日本美の再発見』(篠田英雄訳)で、かれはこう述べた。

「日本国民はひとしく、悠久なこの国土と国民とを創造した精神の宿る神殿としてこれに甚深な崇敬を捧げているのである。はるかな古えに遡り、しかも材料は常に新しいこの荘厳な建築こそ、現代における最大の世界的奇蹟である。建築家はもとより、いやしくも建築に関係ある人々は、是非ともこの建築の聖殿に詣でなければならない」

起源は「天の石屋戸」

高天《たかま》の原《はら》の主神天照大御神《あまてらすおおみかみ》を祀《まつ》る伊勢神宮内宮の御神体である八咫鏡《やたのかがみ》とは、一体どのようなものなのであろうか。

国の成立ちを物語る『古事記』によれば、天照大御神は天孫邇邇芸命《てんそんににぎのみこと》を天上の高天の原から地上に降臨させる際、三種の神器を授け、その中の鏡について、

「この鏡は、専ら我が御魂《みたま》として、吾が前を拝《いつ》くが如《ごと》く拝き奉れ。次に思金神《おもいかねのかみ》は、前の事（朝廷の政務）を取り持ちて、政《まつりごと》せよ」

と詔された。つまり、天皇は専ら超越的な象徴として君臨し、現実的な知恵と実行力に富む者が宰相となって政務を司《つかさど》るという権威と権力の分離は、わが国の草創期からそのように定められていた。

現在、伊勢神宮の宮域は約五千五百ヘクタールで、東京都世田谷区の面積にほぼ等しく、その全面を覆う緑の中に、内宮、外宮の両正宮を始めとして、別宮、摂社、末社など合せて大小百二十五社の——祭神はそれぞれに違いながら、基本的に共通の形式で統一された社殿が点々と散在する、他に比類のない広大な展望を、総称して「神宮」（伊勢神宮の正式名称）という。

伊勢神宮の建築形式は、出雲大社に代表される「大社造」、住吉大社に代表される「住吉造」に対して「神明造」といわれる。

そして、皇大神宮（内宮）と豊受大神宮（外宮）の両正宮本殿の様式は、神明造の各社もこれと完全に同一化することを憚《はばか》って全面的な模倣を避けたため、特に「唯一神明造」と呼ばれる。

ブルーノ・タウトは、この形式の起源も最初の建築家も不明であるとしたけれど、内宮と外宮の御正殿の建築形式を、今日われわれが目にしている唯一神明造に定めたのが、天武天皇であったのは確かだ。

なぜなら天武天皇の晩期に制定されて、その後を継いだ皇后の持統天皇四年（六九〇）に始まった式年遷宮は、材料も外観も原形と寸分違わず再現するのが根本の鉄則だからである。

また北半球において、正午の太陽の高度が一年中で最も低く、夜の時間が一番長くなる「冬至」の夜明けに、ここ伊勢神宮では内宮正門の鳥居の中心と、その先に延びる宇治橋の道と、向うの島路山から昇る太陽とがぴったり一直線上に並ぶ。

従って朝日が完全に正門大鳥居の中心に位置して、四方に光を放つ。これはいつ終るともしれぬ長い夜が明けた『古事記』の「天《あめ》の石屋戸《いわやと》開き」を象徴する光景なのである。

この一事だけをもってしても、伊勢神宮の構図が遠い古代において既に、どれほど正確な天文と暦法の知識と、精密な設計思想と、深遠な哲学に基づいて構想されたかが察せられるであろう。

このような構想が官僚の会議から生れる筈《はず》はなく、暦法を含む各部門の専門家の意見を徴して、宏大な神宮全体の基本的な設計をされたのが、天武天皇であることも疑えない。

権威と権力をはっきり二つに分けて来たわが国の歴史で、天智朝に続いて例外的に両者が一致した天武朝において、これほど壮大な規模の計画を発想し、細部まで綿密に指示できるのは、天皇以外にあり得ないからだ（天皇が天文と占星術によく通じていたことは『天武紀』の冒頭から何度も出て来る）。

法制史家瀧川政次郎《たきかわまさじろう》は詳細な実地調査に基づいて、伊勢神宮を五十鈴《いすず》川に沿った現在の深遠で広大な森林の中に新たに造営されたのは、天武天皇に違いないと判断した。

それ以前は、より北西を流れて伊勢の海に注ぐ宮川の遥《はる》か上流の畔にあった瀧原宮が内宮正宮で、大海人皇子《おおあまのおうじ》（＝天武天皇）が兄天智天皇の崩御後、皇太子で太政大臣の大友皇子に対して「壬申《じんしん》の乱」の兵を起した時、当初は少数だった軍勢を従えて、伊勢国朝明郡迹太《あさけとお》川（現・朝明川）の河口付近に立ち、海を隔てた向うの天照大御神に戦捷《せんしょう》を祈って遥拝《ようはい》したのは、この瀧原宮であったというのが瀧川博士の考察だ。

壬申の乱に勝利を収め、天武二年（六七三）二月二十七日に飛鳥浄御原宮《あすかきよみはらのみや》で即位すると、天武天皇は伊勢神宮を名実ともにわが国の総鎮守にふさわしい壮大な規模と緻密な構図を持つ神域とするため、四月十四日には大伯皇女《おおくのひめみこ》を伊勢神宮の斎王に定めて、まず泊瀬《はつせ》（奈良県桜井市初瀬の古称）の斎宮に住まわされた。

斎王の大伯皇女は神に近づくため、泊瀬とそれに続く野宮（浄野に設えられた仮宮）で二年以上も厳しい潔斎の時を過ごした。

この期間に現在地の伊勢神宮の造営が行なわれたのであろうとする瀧川博士の想定に基づいていうなら、内宮と外宮の両正宮の建築様式を唯一神明造とすることは、その時天武天皇によって定められたのに違いない。

「壬申の乱」は唐風と国風の戦い

わが国の古代史における最大の内乱で、結果として「日本」という国家の原型を定めるもとになった壬申《じんしん》の乱の誘因は、中大兄皇子《なかのおおえのおうじ》＝天智天皇の近江《おうみ》遷都にあったものとおもわれる。

飛鳥から見ればとんでもない片田舎である近江国大津への遷都が号令されると、巷《ちまた》にはそれに憤慨して政道を諷諫《ふうかん》し天変地異を予言する流行《はや》り歌が流れ、官庁や高官の邸への放火が相次いだ。

それ程の激しい反対を押し切って遷都を強行した理由は、天智天皇が長男の大友皇子を皇位継承者にしたい……と、切実におもい詰められたからであろう。

実際にはそれまで長年の間「皇太弟」とか「東宮」（皇太子の称）と呼ばれ、政務に示す実力ばかりでなく、天皇に欠くことのできない歌人としての才能も高く評価されて、貴族や豪族達の人望が厚い大海人皇子が、皇位継承者の地位にあり、次代の天皇になることは誰も疑わない既定の道筋になっていた。

一方、大友皇子も若くして出色の詩才の持主であった。但し大海人皇子が大和歌の歌人であるのに対して、大友皇子は漢詩人である。その代表作はわが国最古の漢詩集『懐《かい》風藻《ふうそう》』の巻頭に掲げられていて、国内における漢詩人の第一人者と目されていたことが解《わか》る。

作品に付された略伝は、大友皇子の魁偉《かいい》な人品骨柄、宏大で深遠な性格、文武の双方にわたる博学と才幹を絶賛し、唐の使者として来朝した劉徳高《りゅうとくこう》が「この皇子、風骨世間の人に似ず。実にこの国の分にあらず」と評したという逸話を紹介する。とてもこの国の人とはおもえない、と語ったというのである。背が高くて体格がいい上に、恐らく漢語を唐人同様に流暢《りゅうちょう》に話す抜群の秀才だったのであろう。

大化改新の口火を切った父中大兄皇子が理想としたのは、当時世界最高の大帝国であった唐の政治体制（皇帝を中心とする律令制の中央集権国家）であった。

先進国唐の最新の文明と政治に心酔していた中大兄皇子には、それから二十年経っても改革が遅遅として進まず、理想から程遠い現実が耐え難くて、ここで飛鳥の地にからみつく多くの古い柵《しがらみ》をすっぱりと断ち切り、（琵琶《びわ》）湖上の水路と東海道・東山道・北陸道の全てに連なる交通の要衝——近江国大津を新天地として、若き日におもい描いた理想の国と理想の都を一気に実現させたいと考え、新しい時代の天皇には、幼少からの英才教育の甲斐《かい》あって生粋の唐人と見られるまでに目覚ましい成長を遂げたわが子大友皇子をつけたいと切に願った。それが朝野にわたる猛反対を押し切って、近江遷都を強行した最大の理由であったとおもわれる。

近江国大津に都を遷して四年後の正月五日、天智天皇は二十四歳の大友皇子をわが国で最初の太政大臣に任命し、左大臣に蘇我赤兄《そがのあかえ》、右大臣に中臣金《なかとみのかね》、御史大夫（大納言の古称）に蘇我果安《はたやす》、巨勢人《こせのひと》、紀大人《きのうし》と、智謀の実力者を揃《そろ》えることによって、将来の輔弼《ほひつ》につながる万全の体制を調えた。

太政大臣となった大友皇子は、百済《くだら》から帰化した何人もの学者を宮廷の賓客（顧問）として迎え、近江の海（琵琶湖）を見下ろす唐風の豪華な宮殿では、しばしば文学の士を集めて琴酒の宴が催され、天子と賢臣によって漢語の詩文が数知れず作られた……と、漢詩集『懐風藻』は伝える。

つまり唐風の文化が絢爛《けんらん》と花開いていた訳で、そのような場で大友皇子は常に中心をなす花形的存在であったろう。唐の学問と言葉に通じた帰化人が何人も賓客として招かれていたのだから、会話も漢語まじりで交わされていたかもしれない。

何もかも唐風の宮廷は、国内に忽然《こつぜん》と出現した「異国」のようなもので、上流階級にはそのエキゾチシズムに魅せられる人もかなりいたであろうけれども、旧都への愛着や執着を捨てきれない飛鳥の豪族や、漢語に縁のない地方の豪族には違和感や反感を抱く人も少なくなかったに違いない。

そして、宮廷にあっても大和歌と大和言葉——則《すなわ》ち国風の文化をこよなく愛する大海人皇子にとって、急速に唐風一色に塗り潰されて行く周囲の光景は、違和感や反感を越えて、肌寒い危機感さえ覚えさせられるものであったろう。

大友皇子を太政大臣に任命した年の十月十七日、重篤《じゅうとく》な病の床に伏した天智天皇は、大海人皇子を寝所に呼び寄せてこう詔した。

「朕の命数はもはや尽きた。皇位を汝に譲りたい」

それを承諾すれば、皇位を簒奪《さんだつ》しようとした濡れ衣を着せられて殺される……。

実際に十三年前、従兄弟《いとこ》の有間皇子は、中大兄皇子の意を体した蘇我赤兄（現・左大臣）に唆され、斉明天皇に謀反を企んだとされて、赤兄の通報により捕えられ、処刑されていた。その時と同じ気配を察知した大海人皇子は、

「皇位は皇后にお譲りになられ、政務は太政大臣（大友皇子）にお任せになられますよう。天皇の平癒を祈願するため、吾《われ》は出家して吉野に籠り、仏道修行に専念いたします」

そう告げて、すぐさま内裏の仏殿で剃髪《ていはつ》して沙門《しゃもん》となり、二日後には参籠先とした吉野宮（離宮）に向って旅立った。まことに素早い身の処しようで、前から予定された行動であったとしかおもえない。

自邸の武器を悉《ことごと》く所司に収め、御后《おきさき》と二人の皇子、武装を解いた舎人《とねり》と女嬬《めのわらわ》だけを従えて、大和国南部の吉野へ向う僧形の大海人皇子を、左大臣蘇我赤兄、右大臣中臣金、

御史大夫蘇我果安らが、見送りと監視を兼ねて山城国宇治まで送って行った。

去って行く大海人皇子の後ろ姿を見送りながら、一人が呟いた。

「虎に翼をつけて野に放つようなものだ」

大海人皇子の一行が吉野宮に入って一月半後、天智天皇崩御の急報が暮れに届く。

翌年の六月下旬、大海人皇子は、先に動きを見せた近江朝廷の軍に対抗する、という名目で行動を開始した。

まず東国（この頃は畿内より東の国の意味）を目ざした大海人皇子に従ったのは、御后と草壁皇子《くさかべのみこ》、忍壁皇子《おさかべのみこ》、それに武器を持たない舎人二十人程と、女孺十人余りで、たったこれだけの無力な人数で、強力な正規軍を擁する近江朝廷に対抗できる筈はない。

だが、かねてより各地に放っていた密使の働きが功を奏し、行く先々で少しずつ従う郡司や国司の軍勢が増えて来た。

大海人軍が最初の目標にしたのは「不破の関」（現・岐阜県不破郡関ケ原町）で、近江京を防衛するため東国との交通を遮断するのに肝要とされていた関所であるから、先にそこを占拠して調略を開始すれば、勇猛の兵を多く擁する東国の豪族から近江朝廷を孤立させることができる。

美濃国の不破を目ざし、伊勢国の国府鈴鹿から海（伊勢湾）に沿った道を進んで行く途中、大海人軍にとって重要な儀式が行なわれた。

六月二十六日の朝、太陽が昇る時刻に、迹太川（現・朝明川）の河口付近で、まだ数は少ないがそれまでに集まった軍勢を背に、大海人皇子は海の彼方《かなた》の伊勢神宮（瀧原宮）に向い、厳かに手を大きく広げ、柏手を打って、そこに鎮座する天照大御神を恭しく遥拝し、戦いの勝利を祈念した。

それは大海人皇子にとって、近江朝廷に対して起した戦の大義を明かす枢要な儀式であった。

「朕こそは、高天の原から永久《とわ》に続く皇祖神、日神《ひのかみ》である天照大御神の御魂を受け継ぐ唯一の天皇である」

ということを、これから次第に数を増して行くであろう麾下《きか》の全軍と、近江朝廷の双方に対し、具体的に示して旗幟《きし》を鮮明にしたものと考えられるのである。

その後、近江朝廷軍との戦いは各地で熾烈《しれつ》を極めたが、大海人軍が最初に不破の関を占拠してそこに行宮《あんぐう》を置き、勇猛をもって鳴る東国の豪族の軍勢を糾合して味方につけたことが、勝敗の帰趨《きすう》を決定づけた。

壬申の乱で最大の激闘となった瀬田橋（現・大津市）での決戦は、大海人軍の勝利となり、逃れた大友皇子は翌日、自ら縊《くび》れて世を去った。

だが、この戦いで大友皇子が勝利を収めていたら、近江京と諸国の官庁の公用語は漢語で、上流階級と知識階級は漢文で読み書きし、和語しか話せない大多数の国民は読むことも書くこともできない二重言語の国になって、結局は唐の冊封体制下の一小国と化していただろう。

壬申の乱は、唐風と国風の戦いで、結果として「日本」という国家の原型を定めるものになった……と前に述べたのは、そういう意味である。

額田王と大海人皇子の歌垣

歌人としての大海人皇子の代表作はよく知られている「紫草《むらさき》のにほへる妹を憎くあらば人嬬《ひとづま》ゆゑに吾恋ひめやも」で、斎藤茂吉が「万葉集の傑作の一つ」としたこの歌を、多くの人は作者が内に秘めていた恋心を大胆に告白した情熱的な恋歌として読むであろう。

だが、それに先立つ額田王《ぬかたのおおきみ》の「あかねさす紫野《むらさきの》行き標野《しめの》行き野守は見ずや君が袖振る」という問いかけに応じて発せられた大海人皇子の歌は恋歌ではなく、その場の座興で作られた戯《ざ》れ歌《うた》であった。

中大兄皇子が大津に遷都して即位した年の五月五日、野に出て薬草を摘む習わしがある端午の節句に、（薬用と染料の）紫草を栽培している標野（御料地）の蒲生野で華麗な宮廷行事の薬猟が催された後、野宴で恒例の歌垣（男女の歌の掛合い）が行なわれた。

額田王は初め大海人皇子に愛されて十市皇女《とおちのひめみこ》を産んだ後に、大海人皇子の兄である中大兄皇子に娶《めと》られた。この関係からすれば、大海人皇子は自分から去って今は天皇の嬬《つま》である相手に、忘れ得ぬ慕情を抱き続けている……という大胆で情熱的な愛の告白になる訳だが、しかし、この時の額田王は数え年で三十八歳。当時の通念では疾《と》うの昔に娘盛りを過ぎた姥桜《うばざくら》である。

その姥桜が、今なお「野守」（天皇）と「袖を振る君」（大海人皇子）の双方に想われているかのような——花の盛りの風情を装って、「お気になりませんか」という問いを、悪戯《いたずら》っ気たっぷりに「野守」に発した。当然一座の視線は天皇に向う。

その時、大海人皇子が前に進み出て歌ったのが前記の歌だ。額田王との恋は遠い昔の話で、今はすっかり消え去っていたものを、当意即妙にそう歌うことによって、大海人皇子は天智天皇と額田王の双方の顔を立て、一座に生じた軽い緊張を瞬時に解きほぐし、それを笑声と喝采に変えたのである。大海人皇子の器量と、人望のよって来る所以《ゆえん》を、端的に示す挿話といってよいであろう。

「日本語」の誕生

天武天皇が創始された式年遷宮の本質を知るためには、旧宮と新宮の敷地が常に隣接して並んでいる所に注目しなければならない。

扉が開いて御神体の御鏡が出た瞬間に、それまでの内宮御正殿は旧宮となり、遷御して入った先が新しい御正殿となる。

敷地が並ぶ旧宮と新宮の間で、二十年毎に御神体の往復が時計の振り子のように繰返される度に、建物も神宝も装束も誕生時の祖型に回帰して、それまでと寸分変らぬ形に生れ変る。伝統と刷新、死と再生が一致している点で、これは奇跡的な制度であり、天才的な発明であるといわなければならない。

時が経てば経つほど、ますます古く、ますます新しい。われわれは「永遠」という超越的な観念が、この世に実在することを、ここで目の当りにすることができる。伊勢神宮の魅力の核心は、このように太古から今日まで、そして今日から未来へと、絶えず新しく生れ変って続くわが国の連続性と永遠性を、具体的に表象している所にあるといえよう。

旧宮から新宮への御神体の遷御は、神社本庁教学研究室長であった岡田米夫が説く所によれば「天の石屋戸開き」の儀式化であり祭祀化である。

それは『古事記』神代篇のクライマックスで、天照大御神が天の石屋戸に閉じ籠って地上が真っ暗闇になった時、知恵者の思金神が一計を案じ、天宇受売命《あめのうずめのみこと》の踊りと大御神が発する光を反射する八尺鏡《やたの》の働きによって、石屋戸の扉の外へ誘い出すことに成功し、世の中が再び明るさを取り戻す……というドラマだ。

御神体である御鏡の遷御の夜、宮域の明りが全て消され、太古さながらの闇の中に、「カケコー、カケコー」という禰宜《ねぎ》の声が三度響くのは、「天の石屋戸開き」の劇の冒頭に「常世の長鳴鳥を集めて鳴かしめ……」と書かれた鶏鳴を真似たもので、以後も儀式の経過は、岡田米夫室長の例証によれば（さすがに天宇受売命の踊りは省略されているけれども）『古事記』の叙述と尽く一致する。

例えば遷宮の儀式では、斎内親王と使臣、禰宜達が「太玉串」を捧げ持って、旧宮と新宮に参り拝礼するが、これは『古事記』に、天の石屋戸に閉じ籠った天照大御神を誘い出すため、祭司の布刀玉命《ふとだまのみこと》が八尺鏡を懸けた「太御幣《ふとみてぐら》」を取り持ちて……と書かれているのを模したものだ。

省略された部分の原文はこうである。

「天宇受売命、天の香山の天の日影（常緑の羊歯《しだ》）を手次《たすき》に繫《か》けて、天の真拆《まさき》（蔓正《つるまさ》木《き》）を鬘《かずら》として、天の香山の小竹葉《ささば》を手草に結いて、天の石屋戸に槽《おけ》伏せて蹈《ふ》み轟《とどろ》こし、神懸りして、胸乳《むなち》をかき出で裳緒《もひも》を陰《ほと》に押し垂れき。ここに高天の原動《とよ》みて、八百万の神共に咲《わら》いき」

描写がまことに具体的で視覚的で、はっきり目に見えるようだ。

同じ場面を専ら漢文の文献資料に依拠して書かれた『日本書紀』で見てみよう。

「猿女君《さるめのきみ》の遠祖天鈿女命《あまのうずめのみこと》、則ち手に茅纏《ちまき》の矟《ほこ》を持ち、天石窟戸の前に立たして、巧《たくみ》に俳優《わざおぎ》す」

これだけでは動作の細部の具体的なイメージは浮んで来ない。では、『古事記』の筆録者である太安万侶《おおのやすまろ》はどうしてこの場面をまざまざと目に見えるように記述することができたのだろうか。

それは天宇受売命を遠祖とする猿女君の稗田阿礼《ひえだのあれ》が、大和言葉で暗誦していた物語を朗詠しながら、実際に踊って見せたからに違いない。

昔から平田篤胤《ひらたあつたね》、井上頼圀《いのうえよりくに》、柳田國男、西郷信綱など、それを主張する人が少なくない稗田阿礼＝女性説に対して、最も手厳しい批判者となったのは昭和前期の鬱然たる国語学の大家山田孝雄《やまだよしお》である。

太安万侶が序文で、稗田阿礼を「舎人」としたのをもとに「天子に近侍する舎人は、支那でも日本でも、帯剣して武装した男で、女が舎人であった例はない。ゆえに舎人を女とすることは絶対に成立しない」と、稗田阿礼＝女性説を厳しく否定した。

けれど、もし、稗田阿礼が男装し、武装した舎人として、天武天皇に近侍していたとしたらどうであろう。柳田國男が『妹の力』で述べたように、阿礼が神楽をもって朝廷に仕える猿女君（中務省《なかつかさしょう》縫殿寮《ぬいどのりょう》に属する女官）の一員であったとするならば、宮廷内の舞台で男装し、男役として舞うのは当り前のことで、そのままの姿で天皇に近侍するのもあり得ない話ではない。

太安万侶の筆録に臨んだ際の稗田阿礼は、ひたすら端座して語ったのではなく、立ち姿の朗詠を基本として、しばしば所作を交えて舞い、やがて次々に出て来る歌謡を歌い手の性別に応じ男声と女声で歌い分けながら、神代の物語を全身全霊で演じていたものとおもわれる。いわばそれは稗田阿礼の一人歌劇であったろう。

つまり文字を知る人が朝廷内でも少数に限られていた当時、もともと『古事記』は読むための書物ではなく、耳で言葉を聞き目で動きを見るだけで、文字を知らない下級官人や女官にも物語が理解される天武天皇＝原作、稗田阿礼＝主演の――宮廷の舞台で演じられる神楽の台本として編まれたのが、たぶん最初の出発点であったのに違いない。

そして天武天皇が制作の途中で崩御されて以後、二十五年もの長きに渉《わた》って、阿礼は猿女君のもう一つの任務である口寄せの巫女《みこ》となって亡き天皇に成り代わり、その遺志を継いで未完の物語に（『日本書紀』には出て来ない出雲神話など）口承で伝わる大和言葉の伝説や歌謡を数多く付け加え、いかにも女性らしい感性を随所に示す多彩な愛と悲しみの劇を、自分一人で織り上げて行ったものと想定される。

天武天皇から三代後の元明天皇に撰録《せんろく》（筆記）を命じられた太安万侶は、阿礼が唱える大和言葉を、音訓を交用した漢文で書き表わすことに全力を挙げた。そして、そこに起ったのは、話し言葉（音声言語）と書き言葉（文字言語）の双方の働きを備えて、官民の別なく国全体に共通語として通用し、外国人にも読むことができる「日本語」の母型の誕生であった。

日本人の自己同一性は、人種でも住所でもなく、日本語を母語とする事実によって決定されるとすれば、それは『古事記』によって確立されたのである。

大和言葉で書かれた最初の物語

即位して十年目の三月、天武天皇は川嶋皇子以下六人の皇族と、中臣連大嶋《なかとみのむらじおおしま》以下六人の官人に、「帝紀及上古諸事」を記し定めるよう詔した。これが以後三十九年間の長期にわたって続く『日本書紀』編纂事業の始まりである。

だが、やがて天皇は、十二人の皇族と官人によって編修されるのが、朝廷の公用語である漢文で記定された文献史料のみに限られることに気づかれたに違いない。

それだけでは、遠く音声言語のみの時代から、口承で伝わって来た大和言葉の神話や伝説や歌謡を後世に伝えることができない。天武天皇が強く望んでいたのは、天照大御神から御自身に至るまで一筋に連なる皇統の正統性の証明と共に、和語と和歌の独自性の自覚とその継承であった。

高尚で典雅な漢文と漢詩に比べれば、卑俗で幼稚と考えられていた和語の物語と歌謡の、他には求められない無類の価値を、何とか記録に残して後世に伝えることだったのである。

圧倒的な漢語文化の流入と影響によって、記録する文字を持たない古語と古歌は、次第に影が薄れ、やがては消えてしまいかねない。その危機感が天武天皇をして、朝廷の修史作業とはまた別に、自分のおもい通りに『古事記』を編もうとする個人的な作業へと駆り立てた。

『古事記』と『日本書紀』は、一括《ひとくく》りに「記紀」として語られることが多いが、両者はそれぞれ全く別物と言っていい程に違う。『日本書紀』は朝廷の公用語である漢文つまり外国語で書かれた「史書」だが、『古事記』は大和言葉で綴《つづ》られた「物語」だ。そして公式史書の『日本書紀』に、天武天皇の事蹟に関して『古事記』の名は一切出て来ない。つまり『古事記』は朝廷の公式の事業ではなかった訳だ。

大八島国《おおやしまぐに》の住民が中国の文字と思想に接するまえ、遥かな昔から伝わる音声言語（大和言葉）だけで、自分達の神話や伝説や歌謡を歌い、感情や思考を表現していた時代のありのままの姿が、漢文で記された『日本書紀』からは細部の濃《こま》やかな実感を備えたものとして伝わって来ない。

そこで天武天皇が自らの構想通りに『古事記』を編むために、欠くことのできない絶好の助手として選ばれたのが、大和言葉の暗誦能力と漢文の読誦《とくしょう》能力の両方を兼ね備えた（猿女君の）稗田阿礼であった。

遥か後年に『古事記』の詳細な注釈書『古事記伝』を著した本居宣長《もとおりのりなが》は、序文の中の――太安万侶が元明天皇に撰録を命じられた「稗田阿礼の誦む所の勅語の旧辞」というくだりの「勅語」という言葉を重く見て、これはもともと天武天皇が御自ら口誦された大御言《おおみこと》を、阿礼が暗記してその通りに暗誦したのであると解釈した。

少なくとも神代篇に関しては、恐らくその通りであろうとおもう。そう判断する根拠は、例によって「文体」である。『古事記』冒頭の一節の読み下し文を見てみよう。

「天地《あめつち》初めて発《ひら》けし時、高天の原に成れる神の名は、天之御中主神《あめのみなかぬしのかみ》、次に高御産巣日《たかみむすひの》神《かみ》、次に神産巣日神《かみむすひのかみ》、この三柱の神は、みな独神と成りまして、身を隠したまいき」

（漢字のみの原文でいうと最後の「隠身也」は、『古事記伝』の語釈によれば「その姿が目には見えなかった」という意味だ）

これは目で文字を読むだけでなく、最初の語り手の発声に耳を傾ける想像上の聴覚をも働かせてみて頂きたい。

徹底して簡潔と明晰《めいせき》を極めて、それを確信する意志に貫かれた語り口（文体）の威厳と風格は、官僚からは生ずる筈のないもので、『古事記』は大御言であるとした本居宣長と同様に、こちらにも天武天皇の「声」が聞えて来る気がする。

太安万侶を前にして口誦した時の稗田阿礼も、この語り出しでは天武天皇になり切った男性風の声で、荘重な朗詠の調子であったろう。

原作者の天武天皇が世を去ってから二十五年間、一人で誦習を続けて来た稗田阿礼の口誦の撰録（筆記）は、三代後の元明天皇の命によって始められ、僅か四箇月余りで完成した。この時間的系列から明らかなように、太安万侶は『古事記』の筆録者であって、編纂者ではない。

天武天皇は後世に伝えることを主眼とした『古事記』の制作意図からして、当然撰録までを視野に入れていた筈で、それまで漢字の受容に心を砕いて来た多くの先人の知恵を踏まえて、漢字を音を表す仮名としても用いて本字の訓読と交用し、更に訓専用で短句単位に返読を繰り返す変体漢文体（和化漢文体）と併用することを、基本の方針として出発の当初から決めていたとおもわれる。

稗田阿礼は天武天皇に教えられたその表記法の原則を、朗詠したり歌唱したりする言葉の実例に即して、具体的に筆録者に伝えたであろう。全文漢字で記されているが、音訓交用表記と訓専用の和化漢文体を併用する『古事記』の文体は、わが国の漢字仮名交じり文の原型だ。

太安万侶が序文に「謹みて詔旨《おおみこと》の随《まにま》に、子細に採り摭《ひろ》ひぬ」と記した「随に」を、表記法の基本的な指示も含めたものとして私は読む。だからこそ四箇月余という短期間での撰録が可能であったと見るのである。

その間、天武天皇の指示を実現するためのさまざまな工夫に、安万侶は夜を日に継いで苦心惨憺《さんたん》したに違いない。天武天皇がそれまで存在しなかった文語としての日本語の父であり、難産の末に健やかな第一子を生んだ安万侶が母であるといっても、決して過言ではないであろう。

『古事記』は文語としての大和言葉で書かれた最初の物語で、わが国の文学はここから始まった。国文学と式年遷宮の創始者である天武天皇の功績は、改めて見直されていいのではあるまいか。

第三章◉行基

大仏建立は公共事業

わが国においてマルクス主義史学の最高権威と目されていた井上清は代表作『日本の歴史』において、聖武天皇が東大寺造営と大仏建立に「国費をかたむけ、また人民に出挙《すいこ》を強制した」として、次のように述べた。

「これほど朝廷から保護された仏教は、もっぱら『国家鎮護』すなわち天皇制の安泰をいのることを使命とするもので、個人が戒律をまもり正しい道をおさめて、悟りをひらき魂の救いを得るという、仏教の根本精神からは、まったくはなれたものであった。またこの仏教は民衆の信仰とも関係がなく、僧侶が民衆の間に仏教を説くことや、民衆が寺に参るのはゆるされないことも、以前と同じであった」

かつてこのような史観を金科玉条として拳々服膺《けんけんふくよう》した人は少なくなかったろう。

古代天皇制において「公民は本質的には国家の一種の奴隷であり、したがって律令制の社会は、一種の奴隷制社会であった」というのが、そこまでに説かれて来た井上の根本的な史観であったから、東大寺の造営と大仏建立を奴隷労働の産物と見る人がいたとしても不思議ではない。

だが、延べにして二百六十万人を越える工人と役夫がそれに携わった東大寺の造営と大仏の建立は、人民からの搾取と奴隷労働によるもので、特にその仏教は民衆の信仰と何の関係もなかった……とするのは事実に反する。

かつて東京国立博物館金工室長で古代の鋳造と金工の技術史の専門家である香取忠彦は、『東大寺要録』等の文献と古文書を整理し綜合的に照合して解明した具体的な事実を、穂積和夫のイラスト入りの著書『奈良の大仏　世界最大の鋳造仏』でこのように述べた。

重労働に従事する現場の工人には、一日に二升（現在の量で約八合）の玄米が、飯として炊かれ、塩・味噌《みそ》・醤油《しょうゆ》・酢・海藻・漬物・野菜・木の実等がおかずとして出された。

専門の技術を持つ工人の賃金の額は、仏工が一日六十文、鋳工と銅工がほぼ五十文、画工や金工は三十から四十文、土工・木工・瓦工《かわらこう》は十から十五文、専門を持たない雇夫も十から十五文、雇女は五から八文だった（ちなみに当時、米一升は五文、寺院建設に雇われる際の日当の相場は大人十文、女子供は五文であったから、それに十分見合う額である）。

工事に従事した延べ人数は、金知識（鋳造関係の技術者）が三十七万二千七十五人、その役夫《えきふ》が五十一万四千九百二人、材木知識が五万一千五百九十人、その役夫が百六十六万五千七十一人。

合計延べ二百六十万三千六百三十八人。当時の日本の推定人口約五百万人の半分以上に当る延べ人数に、食事だけでなく、賃金が支払われていたとすると、仏道に関心のない人の目には無用の長物と映っていたであろう大仏の建立が、実は一大公共事業であった訳だ。

そして、この未曾有の大事業の実質的な総指揮者となったのが、わが国で最初の大僧正に任じられた行基《ぎょうき》であった。

在野の僧行基の布教

青年時代から三十代の半ばすぎまで、山林に籠って瑜伽《ゆが》（ヨーガ）の行を重ねながら仏法の研鑽《けんさん》を続けて来た在野の僧行基が、山を下りて巷《ちまた》に出て来たのは、朝廷切っての実力者である右大臣藤原不比等《ふじわらのふひと》の発議により、唐の都長安を模した新都平城京の建設に、諸国から駆り出された役民《えきみん》が惨憺《さんたん》たる苦労を嘗《な》めさせられている真っ最中であった。

役民は徴発されて郷国を出る時から都までの食糧は自弁であり、帰国の際も同様なので、途中で食に窮して行き倒れになる者が出る。路傍に倒れ伏す餓死者の中には、課せられた調庸（米、布地等の租税）を、やはり往復の食糧は自弁で都まで届けなければならない諸国の運脚夫も交じっていた。

こうした点において、当時の律令制社会には、井上清のいうように一種の奴隷制に近い面が確かに存在したが、しかし、それをすぐに天皇と結び付けるのは正確ではない。共に女帝であった元明天皇と元正天皇は、度々このような事態を憂慮して対策を求める詔を発した。

「諸国の役民、郷国へ還る時、食糧が欠乏し、多く道に飢え、溝や谷間に転落し、埋れ死ぬ者少なからず、と聞く。国司等は宜しく撫養《ぶよう》を加え、物を恵み、死する者は埋葬して、姓名を本籍に報告せよ」（元明天皇）

「入京の人夫の衣服は破弊し、青菜のような顔色の者が多い。にもかかわらず公帳には偽りを記して声誉を上げようとしている。国司や郡司がこのようであれば、朕は一体何を任せられるであろうか。今後は宜しく民の痛みを哀れんで、朕の委任に副《そ》うようにせよ」（元正天皇）

もともと元明天皇は、持統天皇が都に定めて以来まだ十数年しか経っていない藤原京から平城京への遷都には気が進まず、藤原不比等以下の諸卿に強く勧められてやむを得ず承知し、ただし「仮にも民を苦しめ擾《さわ》ぎを起させるようなことがあってはならない」という詔を発したことが、朝廷の公式史書である『続日本紀《しょくにほんぎ》』に記されている。

律令制の社会でも、権力を直接行使しないわが国独特の天皇の在り方と、官僚の行政は区別されなければならない。信念の僧行基の後半生を貫いていたものは、律令を絶対の規範とする強固な官僚制への、挫《くじ》けることを知らない長期の戦いであった。

山林から巷に出て来た行基は、山陽道の要地に、行き倒れの役民や運脚夫、浮浪人等を泊めて、粥《かゆ》を食べさせる布施屋を建てた。そして次々に建てる布施屋を拠点にして進めて行ったのは、土地改良の工事であった。

――悪行をなした者は地獄に堕ち、善行を積んだ者は菩薩《ぼさつ》となる。

そう仏法の因果応報の理を説いて、土地の豪族に資本を出させ、布施屋を建てて粥を施し、集まって来る多くの窮民の力を集めて、農業用の池や溝を掘り、堤を築き、道を開き、橋を架けると、土地が潤って、豪族には出した元手以上の利益が戻って来る。

実利があるばかりでなく、行基の求めに応じて寄進すれば、豪族は知識衆（後述）となり、自分は善知識であるという名誉と自己満足も得られるから、喜んで求めに応ずる者が少なくない。

行基に従う民衆は、菩薩になるための行と信じてよく働くので、池溝の掘削も、道路の建設も、橋の架設も、諸方から見物に集まって来る人びとが驚く程の速度で整然と進む。

布教が工事となり、工事が布教となる行基の事業に、一層拍車をかけたのが、養老七年（七二三）に太政官が定めた「三世一身法」である。

これは律令制下では、国有が基本であった農地の大規模な拡大を目ざして出された法令で、新たに池溝を掘って開墾した者は三世にわたって、旧《ふる》い池溝を利用して開墾した者は一代に限り、墾田の私有が許されることになったので、行基に工事を依頼する豪族が急増した（唐の均田制に倣《なら》った班田収受法による公地公民制が律令によって定められて以後も、それ以前に有力な豪族が所有した土地や農民はそのまま残されていた）。

だが、行基の布教活動は、官僚にとって決して好ましいものではなかったばかりか、甚だしく苦々しいものであった。

妖僧として現れた行基

行基の名前が初めて『続日本紀』に登場するのは、元正女帝の世の養老元年（七一七）、かれが数えで五十歳の時のことで、要約すればこう記された。

「いま小僧（僧を貶《おとし》めていう言葉）行基とその弟子達が、街に押し出して、濫《みだ》りに罪業と福徳の因果を説き、徒党を組んで、人を恐れさせる所行に及び、邸の門ごとに財物を乞い、聖道と称して百姓を幻惑し、そのため僧俗の別が乱れ、人民は僧尼令に違反して、自分勝手に剃髪《ていはつ》し、僧服を着ている。これは釈迦《しやか》の教えに反し、国の法令を犯す行為だ。つとめてこれを禁止せよ」

　この頃は邪道の法を説いて世を惑わす不埒《ふらち》な妖僧という風に目されていた訳だ。

　元正女帝の後を継いだ聖武天皇の世になってからも、

「京の東方の山原に、大勢を集め、妖言して衆を惑わす者がいる。多い時は一万、少ない時でも数千。国法に背くこれらの者を放置しておいてはならない」

という記述があり、名前は記されていないけれども、これは他にあり得ない影響力の大きさからして行基の法会と見て間違いあるまい。かれは一体どうして、それだけ多くの信者を集められたのだろうか。

　その秘密は、師の道昭が唐から持ち帰り、行基がわが国に広めた小乗仏教の経典『倶《く》舎論《しやろん》』にあったものとおもわれる。この経典の中に「地獄」の様相を詳述した章があり、無間、極熱、炎熱、大叫、号叫、衆合、黒縄、等活の八熱地獄の身の毛もよだつ恐ろしさを微に入り細にわたって頗《すこぶ》る写実的に描き出した後、この他に更に八寒地獄があって……と、叙述は尚《なお》延々と続いて行く。

　つまり「濫りに罪業と福徳の因果を説き」「妖言して衆を惑わす者」とした行基の仏法は、『倶舎論』によって日本人が初めて知ることになった地獄の具体的なイメージをもとに、善因善果、悪因悪果の因果応報の理を説くものであったろうと推量される。

善行には善果、悪行には悪果があり、この因果によって、殺生、偸盗《とうとう》、邪淫《じゃいん》等の悪行を犯した者は、死ねばきっと地獄に堕《お》ちる。

そう聞かされた人びとは、恐怖で震え上がったに相違ない。それほどの大罪ではなくても、細かなことまで数えれば悪行に関して身に覚えのない人間はめったにいない。

では、どうすればその恐ろしい地獄行きを免れることが出来るのか──。

そうした必死の願いが、行基のもとに数千から一万もの人を引き寄せた最大の力であったに違いないとおもわれる。

行基が朝廷にとって甚だ危険な存在であったのは、自分に随従する在俗の男女を、願いに応じて得度させ、剃髪出家を許したからだ。これは「私度」（官許を得ない私的な出家──「度」とは僧としての正式な認可）を認めない「僧尼令《そうにりょう》」への明白な違反で、朝廷としては断じて許すことのできない悪質な違法行為だった。

それが本来の姿である筈《はず》の自発的な出家を認めず、官僚が仏法を取り締まる僧尼令への抵抗であることが明らかな行基の行動に刺激されてか、窮乏に喘《あえ》ぐ巷には、自ら剃髪して僧衣をまとい、鉢を捧げて食を乞う者や、僧尼の恰好《かっこう》で病人の家に上がり込み、偽りの祈禱《きとう》や呪術を行なって報酬を要求したり、不吉な予言をして脅迫したりする者が出没した。このような俄《にわか》出家の便乗者と模倣犯や過激派の行動が、全て地獄の恐怖を説いて多くの信者を引き寄せる行基の扇動によるものと見做《みな》されたところから、世を惑わす妖僧と目されるに至ったのであろう。

しかし、行基が真に民衆に伝えたかったのは、実は『倶舎論』ではなく、師の道昭が唐で三蔵法師玄奘《げんじょう》に学んで来た大乗仏教の経典『瑜伽師地論《ゆがしじろん》』であった。

小乗仏教から大乗仏教へ

経蔵と律蔵と論蔵の三蔵に精通している所からそう呼ばれる三蔵法師が、『西遊記』で知られるあの決死の大旅行を行なった根本の動機は、天竺《てんじく》（インド）の無着《むじゃく》（アサンガ）が弥勒菩薩《みろくぼさつ》（唯識派の始祖）の説を聞いて、唯識論の全般を極めて詳細に記したと伝えられる『瑜伽師地論』を手に入れ、それを自分の手で訳したいという熱望を抱いたからである（「唯識」とは、全ての事象は已れの意識と意識下の阿頼耶識《あらやしき》から生ずる、とする説だ）。

国禁を破って出国し、長期にわたる艱難辛苦《かんなんしんく》の末に、当時最高最大の仏教大学であった天竺北部のナーランダー寺院に辿《たど》り着いた玄奘は、そこで百歳を越える戒賢（シーラバドラ）老師から、念願の『瑜伽師地論』の説法を三度にわたって聞いた。

二十八歳で出国し、四十四歳で帰国した玄奘は、勅命により長安の弘福寺《ぐふくじ》に入り、優秀な学僧二十数人を助手として、天竺から運んで来た多数の梵経《ぼんきょう》（サンスクリット語の経典）の翻訳を開始し、三年目に『瑜伽師地論』の漢訳を終えた。これはヨーガの修行をする「瑜伽師」の初歩から解脱に到るまで十七の段階（十七地）について詳説し、かつ人間存在の根底をなす（目には見えない）阿頼耶識の実在を証明して、その性質を精密に説き明かした全百巻の大作だ。

瑜伽師が求める究極の境地は「菩薩地」――。大乗の菩薩とは、出家と在家を問わず、自分一個の悟りを追求するだけでなく、他の生きとし生けるもの一切の救済をも願う修行者を意味する。自他共に仏道を成就しようとする「自他利」の境地が『瑜伽師地論』の核心をなす思想なのである。

『瑜伽師地論』を訳し終えた年から、玄奘は皇太子（高宗）が建てた大慈恩寺の翻経院に移って、訳経を続けた。数年後、日本から来た青年僧道昭が大慈恩寺の門を叩く。

その将来を嘱望されて、師と同室で寝起きする程の愛弟子となった道昭は、玄奘の薫陶を七年間にわたって受けた後、帰朝するとわが国で最初の本格的な寺院である法興寺（飛鳥寺）の禅院の住持となった。

そこで全国から集まる修行僧の指導に当ったかれは、やがて説法と禅定だけでなく、大乗の菩薩行＝利他行を実践するため、弟子を率いて巡歴の旅に出かけ、各地で井戸を掘り、川に渡し場を作り、橋を架けるなど、民衆の生活に献身的に奉仕する人生を送った。

飛鳥寺の禅院に住んで二十年以上経《た》った頃、十五歳の少年が入門して、行基という法号を授けられる。

かれは天竺から玄奘を経て伝えられた新しい仏法の教理――唯識宗の根本論典で、極めて難解な『成《じょう》唯識論』と『瑜伽師地論』を道昭に学び、稀代《きだい》の秀才として嘱目されたが、三年程すると何故か官寺を飛び出し、それっきり消息を絶ってしまった。

残された僅かな記録は、行基が十八歳から三十七歳まで「山林に棲息」したと伝えており、その間恐らく山林修行者として、厳しい瑜伽行と思索の日日を送っていたものと想像される。『瑜伽師地論』を頭で理解するだけでなく、瑜伽行の十七の段階を全て自分の身体で実地に体験し、瑜伽師として真の解脱に到達しようと、官寺を離れて山林に入ったのに違いない。

この山林修行中、ヨーガの多様な苦行と鍛錬によって超人的な肉体能力を身につけ、それが巷に出現した時、辻説法《つじせっぽう》の場で多くの人を即座に惹《ひ》きつけるカリスマ性の最初の素地になったものとおもわれる（瑜伽行の実演には、行基の弟子達も加わっていただろう）。

「平城京の東方の山原に大勢を集め、妖言して衆を惑わす者あり」と『続日本紀』では妖僧扱いされていた天平二年（七三〇）、実際のかれはとりわけ熱心な弟子達に、専門の僧でも歯が立たない程難しい『瑜伽師地論』の写経を行なわせていた。

しかもなお驚くことに、写経に加わった例えば和泉国大鳥郡日下部郷の総知識七百九人のうち、半数を遥《はる》かに越える四百三十三人が女性であった。

それを明らかにした勝浦令子《かつうらのりこ》東京女子大学教授によると、行基に帰依した女性信者の大半は畿内と近国の豪族・有力農民層・班田農民層・都市住民・官人層の出身で、男女が合宿することへの非難と誤解を避けるため、行基集団の道場としての僧院に尼院も併置されるようになった。

更に勝浦教授によれば、帰依した女性の中には行基から受戒したと伝えられる光明皇后もいて、聖武天皇が国分寺に国分尼寺を併設させたのは行基集団の尼院併置の影響ともいわれており、光明皇后の帰依が行基集団に与えた影響も大きかった……とのことである。

小乗仏教で説かれた「地獄」は、本来、形ある物は必ず滅する――則ち世界の本質は「空」である、とするブッダの悟りとは何の関係もない。行基は小乗仏教の教理を集大成した『倶舎論』の地獄説によって広範囲の民衆を惹きつけ、帰依した信者を結局は唯識論の真髄を精細に説き明かす『瑜伽師地論』――つまり衆生全ての菩提《ぼだい》（成仏）を目ざす大乗仏教の世界へと導いて行った。

京の東方の山原に一万人の信者を集めた行基を「国法に背く者」とした朝廷に、その翌年注目すべき変化が現れる。

行基が僧尼令に背いて得度させた在俗の男女で「法の定めに従って修行している者のうち、男は六十一歳以上、女は五十一歳以上の者は、全て入道を認可すべし」という詔が、聖武天皇から発せられたのである。

行基に師事した民間の篤信者は深遠な『瑜伽師地論』の写経に励むくらい高度の研鑽《けんさん》を積んでいたが、僧尼令によって身分を保証された官僧で、それだけの勉学をしている者は僅かな数に限られていただろう。

聖武天皇が光明皇后と河内国に住む帰化系族の大寺院である知識寺を訪ね、そこにあった国内最大の毘盧遮那《びるしゃな》の石仏を拝して、金銅の毘盧遮那の大仏の建立をおもい立たれた天平十二年――。僧院と尼院を併置した行基の道場の数は畿内のみで五十に近づいていた。

そしてとうとう朝廷の方から三顧の礼を尽して行基の出馬を請わなければならない日がやって来る。大仏建立という未曾有《みぞう》の大事業を実現する方途を探り始めた朝廷内に、

――行基を勧進《かんじん》僧に起用する。

という案が浮上した。或《あ》るいはこれは行基に帰依した光明皇后の意向から出ていたのかもしれない。これまでの実績からして、東大寺の造営と大仏の建立に要する莫大《ばくだい》な費用を、勧進によって諸方の豪族から調達し、また各種各様の「知識」に協力を求め、工事

に従事する延べ何千、何万もの工《たくみ》と役夫を集めて、自在に動かせる力量の持主が、行基以外にないのは明らかであった。

行基は勧進僧に登用され、更に大仏建立が開始されて二年後の天平十七年正月二十一日には、聖武天皇によってわが国最初の大僧正に任じられた。長年にわたって朝廷の禁圧を受けて来た在野の僧が、官僧の頂点に立つことになったのである。

数えで七十八歳の初春であった。

行基と「知識衆」

世界最大の鋳造仏である毘盧遮那仏を実現させた秘密を解く鍵になるのは、「知識」(＝自主的な寄進)という言葉だ。『盧舎那仏造営の詔』において、聖武天皇は次のように告げる。

「ここに天平十五年十月十五日、菩薩の大願を発して盧舎那仏の金銅像一軀を造り奉らんとする。国中の銅を尽《ことごと》く熔《と》かして像を造り、大山を削って堂を構え、これをもって仏法への朕が知識とし、遂には衆生と共にその利益を蒙って、共に菩提の境地に至りたい。

天下の富を有する者は朕であり、天下の威勢を有する者も朕である。この富勢を持って尊像を造るのは容易《たやす》いことかも知れぬが、それでは仏法の心が入り難い。人が徒《いたずら》に労苦のみ覚えて、聖法を感ずることがなければ、反《かえ》って誹謗《ひぼう》と罪障を生ずる結果ともなろう。

それゆえ知識に関わる者は、懇《ねんご》ろな至誠に発して、宜しく福を招くために、毎日盧舎那仏を三拝し、まさに各々自らの存念によって盧舎那仏を造るべし。

もし更に一枝の草や一握の土でも持参して像の建立を助けようと願う者があれば、望み通りにこれを聴《き》き入れよ。国と郡の役人は、この事業の故をもって百姓を侵したり擾《みだ》したり、強令をもって租税を取り立てたりしてはならない。遠近を問わず布告して、朕の意を全国に知らしめよ」

一読して官僚の作文であり得ないのは明瞭であろう。これは自ら「三宝（仏・法・僧）の奴《やつこ》」と称した聖武天皇の敬虔な信仰心と、誠に視野の広い想像力から発した言葉以外のものではないと信じられる。

そもそも「知識」とは「善知識」（仏の道へ正しく導いてくれる指導者、高僧）の略で、転じて仏事や法会に寄進する人や資財や技術等を意味するようになった。願主の勧進に応じて寄進することで、自分自身も善知識となるのである。

つまり盧舎那仏建立という大事業は、それに参加する全ての人を善知識に成長させ、東大寺の根本経典の『華厳経《けごんきょう》』が目ざす百億の小釈迦に変身させて行く教化の過程としても構想されたのであった。(『華厳経』の教主である「ビルシャナ」とは、梵語で宇宙の万物を照し出す「光明」の意味で、東大寺の大仏は全身に金の鍍金《ときん》を施した黄金色の巨像として作られた)

聖武天皇が詔で説かれたのは、盧舎那仏の建立を、上からの命令によって強制された重労働ではなく、当人の本心からの発願により、自分自身の仕事として進めさせようとする「知識の思想」というべきものだった。近代の言葉でいえば、自発性と自主性の尊重ということになるだろう。実際わが国の歴史において、東大寺の大仏建立ほど、多くの日本人(帰化人を含む)の厖大《ぼうだい》な自発性と自主性を一点に凝集して成し遂げられた文化的大事業は、他に類を見ない。

行基が大僧正に任じられて勧進の総帥となった翌年は、大干魃《だいかんばつ》であったのに、数々の善知識から莫大な寄進が行なわれ、その多くが帰化系の名前であった。

本格的な工事の開始に当り、大仏の原型を木の骨組みと表面を覆う粘土で造り上げ、それを取り囲む作業用の大櫓《おおやぐら》を組み立てるための大量の木材と、鋳造の過程で原型の周囲に熔鉱炉《ようこうろ》を設《しつら》え鋳造師の足場となって上昇して行く各段階の盛土に必要な厖大な量の土を、同時に取得できる地相として、行基と良弁《ろうべん》(東大寺初代別当)は、三笠山山麓の現在地を選んだ。

そこを大仏殿の敷地とし、木材と土の大量入手も目的に三笠山の尾根を切り崩して平地に変えて行く土木作業に要した厖大な人数の動員は、庶民に信望の厚い行基の呼び掛けなしには到底不可能であったろう。

長年にわたって布施屋に集まる窮民を自発的な知識衆に変え、衆生の利益のために働く有能な技術者の集団に仕立て上げて、池溝を掘り堤防を築く土木工事を数多く成し遂げて来た行基の構想力と実行力は、山をも動かせる程のものになっていた。

鋳造の最高責任者であった大仏師国君麻呂《くにのきみまろ》は、百済《くだら》系帰化人の三世で、鋳造師の多くは、大陸と半島の新知識と新技術を身につけた帰化人の集団の代表者達だった。赤熱した銅の奔流を型の隙間へ流入させる鋳造や、有毒ガスが発生する鍍金の過程で、犠牲者も出たに違いない東大寺の大仏には、それらの人びとの血と汗が注ぎ込まれている。

こうして出来上がった東大寺の大仏は、当時の日本の殆《ほとん》ど総力を結集した大事業であったばかりでなく、仏教の成立と伝達の経過、および金属加工技術の発達過程まで視野に入れれば、古代アジアの精神文化と技術文明を統合した壮大な金字塔であるといっても過言ではないであろう。

天平勝宝四年（七五二）四月九日――。

聖武天皇が大仏建立を発願し、行基が勧進役に登用された年から九年の歳月を経て、ほぼ完成に至った盧舎那仏開眼《かいげん》の法要が、東大寺金堂（大仏殿）の前で、孝謙天皇、聖武太上天皇、光明皇太后臨御の下に、文武百官と僧一万人が参列して、厳粛かつ華麗に営まれた。

行基はこの盛儀を目にすることが出来なかった。三年まえ八十二歳で遷化《せんげ》していたからで、それを報じた『続日本紀』によれば、

「和尚は早くから都鄙《とひ》をあまねく廻《まわ》り、多くの人を感化したので、慕って随従する僧俗が、時には数千にも上るほどであった。和尚が来ると聞けば、巷が空っぽになるほどみんな競ってその法会に集まって来て礼拝した。和尚はそれら全ての人を善に導いた。また自ら弟子を率いて、各地に橋を造り、堤防を築き、その評判を聞きつけた人びとも諸方からやって来て工事に加わるので、完成するのがすこぶる早く、世人は今に至るまでその利益を蒙っている」

完成した大仏を行基自身は見られなかったが、大仏開眼会の導師菩提僊那《ぼだいせんな》僧正（南インド出身）の復唱役に選ばれた景静《けいじよう》禅師は、行基の弟子であり、またその後に、首勇、清浄、法義、光信らの（もともとは僧尼令によって禁じられた「私度僧」であった）弟子達が十禅師に任じられたことで、行基一門の知識衆の貢献が朝廷に高く評価されていたのは明らかだ（また東大寺造営と盧舎那仏建立という空前の大掛かりな作業の指揮に、官僚が関わっていなかった点にも注目されなければならない）。

東大寺大仏が人民からの搾取や奴隷労働の産物ではなかったこと、またそれが仏教の根本精神や民衆の信仰と無関係でなかったことは明白であるとおもわれる。

日本の宗教改革者

誰もが仏寺の檀家《だんか》でありながら、世界の本質は「空」である……と説いたブッダの悟りなど聞いたこともないという多くの日本人にとって、わが国の仏教とはつまるところ、地獄極楽と因果応報の観念、そこから極楽往生を願って先祖の供養と死者の追善のための法要を行なうという点に尽きるであろう。

もう一つの大きな特徴は火葬の風習であるが、これは道昭が弟子に遺言して遺体を焼かせたのがわが国の火葬の嚆矢《こうし》とされ、師に倣って行基も遷化した時は、生前の遺言に従って荼毘《だび》（もとは小乗仏教の用語のパーリ語で「焼身」の意味）に付された。

行基は、唐の玄奘からわが国での道昭に受け継がれた法相宗（唯識宗）の僧として終始し、独自の宗派を開かなかったから、最澄、空海、法然、親鸞《しんらん》、道元、日蓮……といった大宗派の宗祖に比べて、今日では知名度が比較にならないくらい低いけれど、実はかれこそが日本型の仏教の開祖なのであった。

山中での長年にわたる修行と思索を終えて巷に出た行基は、僧尼令によって厳しく禁じられた私度僧を続々と作り出した。それは寺院内の読経と坐禅《ざぜん》に専念して日々を送るのではなく、労働によって利他の菩薩行を実践しようとする修行者達である。

これはカトリックの僧侶生活を、現世の義務から逃避するものと考え、世俗の職業生活におけるキリスト教徒としての義務の遂行こそ「隣人愛」の具体的な現れで神に喜ばれる道であり、許容される世俗的職業は全て神によって呼び出された「天職」であるとするマルティン・ルターの僧侶観、職業観とよく似ている。ルターのいう「キリスト教徒」と「神」を「仏教徒」と「仏」とし、「隣人愛」を「自他利」とすれば、相似形といってもいいくらいだ。

行基が展開した反僧尼令運動は、既成の仏教界と朝廷にとって、危険で破壊的な改革思想であった。かれは官僚化した旧仏教体制に対する宗教改革者――いわば日本のプロテスタントだったのである。しかもルターより八百年も前の人だ。

ドイツの宗教改革者ルターの職業観＝労働観は、フランスの宗教改革者カルヴァンによって更に徹底される。

カルヴァンの教義で最も特徴的なのは、人間のうちのある者は神の意志によって予《あらかじ》め永遠の救いに定められ、ある者は永遠の滅びに定められているという「予定説」だ。

当然信徒一人一人の胸中には、自分は果して救いに選ばれているのだろうか……という疑いが、戦慄と共に去来したに違いない。そのような疑いに対し、時代が下るにつれて次のような答えが与えられた。

まず自分はあくまでも救いに選ばれていると信じ、それに対する疑問は全て悪魔の誘惑として斥《しりぞ》けること。次にそうした自己確信に達するための最善の方法として、職業労働に不断の努力を続けること――。

遠い海の彼方《かなた》の話のようであるけれども、こうしたカルヴァン主義から生れて近代資本主義の原動力となった清教徒と、地獄に落とされるのを恐れ仏に一歩一歩近づいて行く菩薩行として、土地改良や東大寺造営や大仏建立の労働に献身した行基の弟子の知識衆とは、内容的にそれほど変らないのである。

われわれの祖先は今から千二百年以上も前、既に初期の「資本主義の《精神》」を身につけていたといえるかもしれない。

戦前の全てを否定する戦後教育の申し子のような少年に育ち、京都と奈良の名所旧跡を回る高校の修学旅行にも敢えて背を向けて参加しなかった私が、初めて東大寺に詣でたのは不惑の年を過ぎてからで、世界最大の木造建築である金堂と世界最大の鋳造仏である毘盧遮那仏の圧倒的な威容に接した時の驚きと感嘆は、以後たびたび参っても一向に薄れることがない。

それどころかますます強まる一方なのは、当時人口約五百万人の小国がこれを作り出したという事実に対する驚異と尊敬の念である。日本人は本来それほど巨大な知恵とエネルギーを備えた民族であったのだ。

今や東大寺の境内には、東洋と西洋の双方からの観光客が溢《あふ》れて、実に国際色豊かな

「和」の光景を見せている。

何につけてもすぐに経済効果を云云《うんぬん》する風潮は浅薄であるとおもうが、千二百年以上前の公共事業で出来た東大寺の経済効果は今後も増加して行く一方であろうし、それにも増して日本人に自信と勇気を、外国人にはこの国に対する興味と想像力を一層掻《か》き立てるに相違ないとおもわれる精神的効果の程は測り知れない。

長く山林に籠って瑜伽の修行に励む一介の僧であった行基は、大乗仏教の教理に基づく「和」の資本主義ともいうべき仕組みを構築することによって、これだけの大仕事を成し遂げたのである。

第四章◉聖武天皇

品格を証明する書跡

東大寺の造営と大仏の建立を計画された聖武天皇は如何《いか》なる性格の人物であったのか、それを極めて克明に伝える書巻がある。

崩御された後、東大寺への献物として正倉院に納められた宸筆《しんぴつ》の『雑集』――。これは中国六朝、隋《ずい》、唐時代の仏教に関する書物から、百四十五首の詩文を書き抜いて綴《つづ》った、いわば聖武天皇が撰者《せんじゃ》となって編んだ詞華集（アンソロジー）のようなもので、白《はく》麻紙《まし》四十七枚を貼り継いで二十一メートルを超える長さに、概《おおむ》ね十八字詰で九百六十五行、計一万八千六百四十字の細かな漢字がびっしりと書き連ねられた巻物だ。

執筆には長期を要したに違いなく、時にはその日の体や心の具合によって字体に若干の揺れが生じない筈《はず》はないのに、「全巻を通じて毛筋ほどの心の緩みも微動の変化も見えない。まさしく驚嘆のほかない」というのが、古筆学の分野を確立した美術史学者小松茂美の観察（『天皇の書』）である。

書道史研究の第一人者である中田勇次郎が編纂《へんさん》した全集『書道藝術』第十一巻に収められた写真版で見ると、拡大された漢字は実に精確で格調が高く、それが倦《う》まず弛《たゆ》まずどこまでも一定の調子で二万字近く延延と続く本の頁《ページ》を順にめくって行くうちに、いささか気が遠くなりそうな感じがして来る。

信じられない程の集中力と忍耐力の強さは、書道の門外漢である者にも十分に感得されるが、編者は解説文でこう語る（丸括弧内は引用者の注釈）。

「よほど書の技法に熟達した人でなければ、このような書をかくことはむつかしい。天平を中心とする写経の小楷《しょうかい》（文字の小さな楷書）の精絶さから考えても、この時代の正書の技法はきわめて高度のものであり、聖武天皇の雑集はこの時代の小楷のなかで、その品格の高さにおいて一頭ぬきんでている」

いうまでもなく「書は人なり」であるから、筆を執った人物も稀有《けう》の品格の持主と想定して大きく外れることはあるまい。

聖武天皇が生涯の事業とした国分寺の創設と共に進めた写経の作業についていえば、平成十八年の初めに東京国立博物館で開催された「書の至宝　日本と中国」展で、天皇が各国分寺に納めた『紫紙金字金光明最勝王経《ししきんじこんこうみょうさいしょうおうきょう》』の実物を目にし、その出来映えの圧倒的な迫力に魅了された人は少なくなかったに相違ない。

古筆研究の権威である春名好重によれば、これは聖武天皇の宸筆ではなく、写経所のほかに設けられた金字経所で特別に優秀な写経生を選んで書写させたと推定されるものだ。展示されたのは、もと備後国《びんごのくに》の国分寺である広島県尾道市の西国寺に納められ、十巻一セットが完存して今日まで伝えられた中の一巻である。

小楷の技術がわが国の史上最も高かった天平期においても、抜群の書法と品格において最高の書家であることが明らかな聖武天皇の発願により、選り抜きの秀才で能筆家揃《ぞろ》いの写経生の中でも特に優秀な者が全身全霊を傾け、恐るべき集中力と持続力で一字一字紫紙に金泥で丹念に記して行ったところから、これほど見事な美術工芸品というよりもまさに驚嘆に値する芸術作品が誕生したものとおもわれる（全国の国分寺に配布する最初の十巻は天皇が自ら書かれ、それが写経生の手本となった可能性も、後に示すように十分にある）。

『雑集』に話を戻せば、巻末に「天平三年九月八日寫了《しゃりょう》」と記されているので、天皇三十一歳の書と解《わか》る。それまで長い間詞華集の原典となった数多《あまた》の仏書を繰り返し読み続け、その精髄として百四十五首を選び抜いて写された訳で、国内で同年代のどんな僧にも劣らぬ深い教養の持主であったことは疑いようがない。

ちなみにその書写を終える十数日前、天皇はこんな詔を発していた。

「今年は天地の祝いを受け、豊年で穀物が大いに実り、朕はまことに嬉《うれ》しく思う。天下の人びととこの慶《よろこ》びを共にしたいので、京及び諸国の今年の田租の半分を免除せよ。但し淡路・讃岐・隠岐などの国の租と、天平元年以前の出挙《すいこ》で未納となっている稲は、悉《ことごと》く免除する」

豊作になったからといって、租税を大幅に免ずる君主が、他のどこかの国にもいるであろうか。

光明皇后の筆跡

その十年後、凶作と疫病が重なった年が明けた三月、聖武天皇は「国分寺創建の詔」を発し、これから全国にわたって繰り広げられる壮大な計画の概要をこう告げた。

——此の頃穀物が実らず、疫病が頻《しき》りに起り、身の不徳を慙《は》じる気持と懼《おそ》れが入り交じって、一人己の罪を責めて来た。

ここに『金光明最勝王経』は次の如《ごと》く説く、「もし国中にこの経を講じて読誦《とくしょう》し、恭敬して流通させる王がいれば、我ら四天王が来たりて擁護し、一切の災厄と悪疫を消滅させ、人々の願いを叶えて歓喜を生ぜしめるであろう」と。

そこで天下の諸国に命じ、恭敬して七重塔一基を造営させ、そこに金光明最勝王経と妙法蓮華経《みょうほうれんげきょう》の写本を一揃えずつ置くことにする。朕はまた別に金字の金光明最勝王経を自ら書写し、塔ごとに一揃えずつ置くこととしよう。

そして国分僧寺に僧二十人、国分尼寺には尼十人を置き、僧尼は毎月八日に必ず金光明最勝王経を転読しなければならない。……

これ程の国家的な悲願を託された『金光明最勝王経』とは、どのような経典だったのであろうか。

実は仏教を信仰した国々の中で、わが国程この経典を高く崇《あが》めた国はない。

わが国の仏教信仰の礎を築いた聖徳太子の四天王寺は、この経典に基づいて創建され、聖徳太子を尊崇した天武天皇は、国中の僧に読誦を奨励し、聖徳太子と天武天皇を共に尊崇していた聖武天皇は、留学生道慈が持ち帰った義浄《ぎじょう》（玄奘《げんじょう》に次ぐ唐の大訳経家）の新訳の十巻本を、紫紙金字の写本として諸国の七重塔に納めた。

教理の権威においては、法華経と華厳経に大きく譲るとされているのに、わが国で特に多くの信奉者を集めたのは、「懺悔《ざんげ》」による罪の消滅を保証する教義が、己の罪を意識して仏の教えに救いを求める者の切実な願望に応えるものであったからに違いない。この経典が教える方法に従って正しく懺悔すれば、全ての罪障は悉く消滅するというのである。

中でもこの経典の題からその名が取られたとおもわれる光明子《こうみょうし》（皇后の法名）が強く心を引き付けられたのは、全三十一品のうちの第十五品「大弁財天女品」であったろう。

この品（章）には、大弁財天女が世尊に教えられた――あらゆる病気を治す薬湯の作り方と洗浴の方法が詳細に説かれている。

光明皇后によって作られた施薬院に設置された温室（湯殿）に、この品で定められた様式と儀式の通り、安息香が焚かれて、音楽が奏でられ、呪文と経文を読誦する声が響き渡る中で、仏によって処方された薬湯が振り撒かれ、訪れる多くの病者の洗浴が行なわれていたとすれば、皇后が癩《らい》者の瘡《かさ》に口をつけて膿《うみ》を吸われた……というあの「千人洗垢」の伝説が生れた所以《ゆえん》も納得できる気がする。

光明皇后はどんな性格の女性であったのか。それを物語るのもやはり正倉院に納められた皇后自筆の御書『楽毅論《がっきろん》』の筆跡である。

『楽毅論』とは、古今に冠絶する書家として名高い王羲之《おうぎし》の代表作とされる法帖（書の手本）で、内容は戦国時代の将軍楽毅の王道に則った戦い方を論じた文章だ。

それを手本通り臨書（忠実に書写）して、古筆研究の専門家にも王羲之の臨書として本邦最高級とされる巻物は、巻末の別紙に「天平十六年十月三日　藤三娘《とうさんじよう》（藤原家の三番目の娘）」と記され、光明皇后四十四歳の筆と解る。この書は皇后が当時の知識層の誰にも引けを取らない教養の持主であることを示すばかりでなく、最後の日付と署名が頗《すこぶ》る注目に値する。

民間から出た最初の皇后である光明皇后が、立后されたのは天平元年であったから、それから既に十五年経った今なお「藤三娘」と署名しているところからすると、自分は藤原家の三番目の娘である、というのが、常に変らぬ自己認識の基本になっていたものと考えられる。

そしてその署名の文字が、剛毅と表現したい程男勝りの強い気性を感じさせる奔放な筆遣いなのだ。

光明皇后のもう一つの御書として正倉院に納められた『杜家立成《とかりつせい》』（隋末唐初の名文家杜正蔵の書簡文例集）の巻末には、「積善藤家」という朱印が捺されている。「積善」とは「余慶」と共に、臨終の床に就いた中臣鎌足《なかとみのかまたり》を見舞った天智天皇の詔にあった言葉で、『易経』の「積善の家には必ず余慶あり」に由来するが、その時賜った藤原の氏姓に冠して子孫が「積善藤家」と称するようになったのは、わが家は天皇に誠実に仕えて善行を積んで来た家である、という自負心と主張の表れであろう。光明皇后の御書『楽毅論』の署名と『杜家立成』の捺印からは、それを受け継ごうとする本人の強い意志が感じられる。

そして、生れ育った藤原の家を誇りにおもうと同時に、幼名安宿媛《あすかべひめ》のもとになった旧都飛鳥の地も愛していた筈で、詠んだ歌と署名の筆跡からして一途な乙女の直向《ひたむ》きさと、勝気で奔放な気性を併せ持っていたとおもわれる光明皇后の人となりから、映画好きの私の脳裡《のうり》に浮んで来るのは、天平のスカーレット・オハラとでも呼びたい——潑溂《はつらつ》とした魅力と旺盛な活力に溢《あふ》れる知的で情熱的な女性の姿だ。

長屋王の悲劇

少女時代の安宿媛の面影を伝えるこんなエピソードがある。

藤原鎌足の子不比等《ふひと》を父として生れた安宿媛は、ある日、安宿の市に出かけて行って商人に尺の用い方を教えた。市の人びとはその聡敏さに感心し、あなたがもし天子に仕えて良風を宣《の》べたなら、度量衡は久しからずして天下に流布するであろうと称えた……というのである。

載っているのは仏教がわが国に伝来してから延暦年間に到るまでの主要な僧侶と信者の伝記を、鑑真の弟子として来朝した思託が編んだ『延暦僧録』で、光明皇后が崩御されてから凡《おおよ》そ三十年後に出来た書だから、皇后時代の聡明さから少女時代に遡って生み出された伝説に違いない。

だが、度量衡（尺と枡《ます》と秤《はかり》）は、秦《しん》の始皇帝が中国史上初めて天下を統一した際、文字、貨幣と共に統一したもので、わが国では大宝二年（七〇二）三月八日に「初めて度器（ものさし）と量器（枡）を天下の諸国に頒《わか》つ」と『続日本紀』に記されており、安宿媛が生れたのは前年の大宝元年で、時期的には間尺が合っている。

それに鎌足以来、世界最高の大帝国唐の政治と文化に対する余人の追随を許さないアンテナの敏感さによって権力の階段を駆け登った新興貴族の藤原家の娘らしく、幼くして大陸文化の伝道に励んでいる様子と、安宿の市を活潑に動き回る姿が目に見えるようで、伝説としてもこれは捨てがたい挿話だ。

伝説以外で光明皇后の人柄を伝えるのは前記の筆跡の他に『万葉集』に収められた、

「吾背子《わがせこ》と二人見ませばいくばくかこのふる雪のうれしからまし」

という相聞歌だ。「藤皇后、天皇に奉れる御歌一首」と題されていて、あなたと二人で見ることができましたら、この降る雪もどんなにか嬉しいことでしょう、という歌の調べには、夫と離れて暮す身の寂しさ、戸外に降りしきる雪、側にいない夫に寄せるおもい……と見たまま感じたままを簡明率直に歌って余す所がない。「斯《か》く尋常に、御おもいの儘《まま》、御会話の儘を伝えているのはまことに不思議なほどである」というのが、『万葉秀歌』における斎藤茂吉の評言だ。

聖武天皇は、天武天皇の血を受け継ぐ文武天皇の第一皇子として大宝元年に生れ、首《おびとの》皇子《みこ》と名づけられた。母は藤原不比等の娘、宮子である。

安宿媛も同じ大宝元年に、不比等の三番目の娘として生れた。母は不比等の何番目かの夫人となった橘三千代《たちばなのみちよ》（長女宮子の母とは違う）であるから、血の繋《つな》がりはそれ程直接ではないけれど、同年に生れて後に結ばれる二人は、甥《おい》と叔母の関係に当る。

不比等からすれば孫と娘の結婚で、一旦二つに分れた自分の血が、そこで再び結びついて円環を形作ることになった。深謀遠慮の政治家であるかれが円環の中に囲い込んだのは、天皇家である。

首皇太子は二十四歳で即位して二日後に、「正一位藤原夫人（母宮子）を尊んで大夫人《おおきさき》と呼ぶ」という勅を下した。恐らく藤原家の一族の意向を受けての詔であったろう。

その四年前に藤原不比等は世を去っていて、代って政治の実権を握り、聖武天皇の即位とともに左大臣に任じられたのは、天武天皇の孫に当る長屋王であった。

皇族の一人として、臣下とのけじめを峻別《しゅんべつ》しなければならないと考えていた長屋王は、藤原夫人を大夫人と呼ばせることは「公式令《くしきりょう》（律令の施行細則）に違反する」と異議を唱えた。理非曲直を重んずる正論の人であったとおもわれる。

即位して三年後に、聖武天皇と安宿媛の間に最初の皇子が生れた。天皇と夫人は勿論《もちろん》、藤原一族の歓《よろこ》びは大変なものであったに相違ない。

ところが、誕生後一月という異例の早さで皇太子に立てられた幼子が、やがて病に見舞われ、満一歳の誕生日の直前に儚《はかな》くなってしまった。父母の悲嘆はいうまでもあるまいが、藤原一族が落胆と同時に焦燥を掻《か》き立てられたのは、聖武天皇の別の夫人である県犬養広刀自《あがたのいぬかいのひろとじ》に男子（安積親王《あさかしんのう》）が生れていたからである。

翌神亀六年（七二九）の二月、所謂《いわゆる》「長屋王の変」が起った。発端は下級と無位の官人二人が「左大臣長屋王は、密かに左道（妖術）を学んで、国家を傾けようとしている」と訴えて出たことで、長屋王の屋敷を大勢の官人と兵士が物々しく取り囲む中、烈しい糾問が行なわれた末、長屋王は自決を強いられ、正室の吉備内親王《きびのないしんのう》と四人の王子は縊《くび》れて果てるという悲惨極まりない最期となった。

この年の八月十日、聖武天皇は詔を発して、正三位藤原夫人（安宿媛）を皇后に立てた。このことから半年前の不可解な「長屋王の変」の真相が浮び上がって来る。

大宝律令によれば、皇后になれるのは内親王（天皇の姉妹と皇女）に限られる。かつて藤原夫人宮子を大夫人と呼ぶことに異議を唱えた前例からして、臣下の安宿媛の立后を発議すれば、長屋王は必ず反対するに違いない。

そこで安宿媛を皇位継承者として皇太子と同等の資格を持ち、女帝となって政治を行なうこともできる皇后にしようと計画した人びとが、藤原氏と拮抗する皇親勢力（天皇の親族）の代表者である長屋王を、正統的な仏教や儒教以外の当時でいえば異端の教えに興味を示したことを理由に陥れて、一挙に葬り去ろうとしたものと想定されるのである（長屋王が仏教に篤い信仰心を抱いていたことは、造仏、造寺、写経など数々の実例によって裏付けられる）。

こうした真相が明らかになるにつれて、聖武天皇も自分が看過した誤りに気づかれたのであろう、長屋王と妃の遺体を霊地生駒山に葬らせ、陰謀に加担したとされた者の大半を放免し、長屋王の弟姉妹は全て赦免して給禄を与えた（事件の発端となった無位の官人の訴えは、後年「誣告《ぶこく》」であったことが判明して、長屋王の無実が証明された）。

光明皇后の実現までは、そのように「積善藤家」とは到底いい難い一族の凄惨な所行があったのだった。その咎《とが》めをわが身に感じてか、立后の翌年から、光明皇后は皇后宮職の中に、疫病に苦しむ人びとを助ける施薬院や、貧者や病者、孤児を収容する悲田院を設けて、窮民を助ける慈善事業に勤しみ始めた。

だが前年の大干魃《だいかんばつ》によって諸国の民が飢餓に苦しんだ天平五年（七三三）の一月、最愛の母橘三千代を失った光明皇后は、いろいろとおもい悩んで夜眠ることも食べることもできず憔悴《しょうすい》の一途を辿《たど》り、聖武天皇は病の平癒を願って大赦を行なったが、翌年の四月には大地震が起って多くの家屋が倒壊し、数々の死者が出たのを見て、次のような詔を発した。

「朕が万民を撫育《ぶいく》することになって何年も経《た》つが、未《いま》だ風化は及ばず、牢屋《ろうや》は空にならない。夜もすがら眠るのを忘れて憂い悩んでいるが、天変が頻りに起り、地の震動がやまず、多くの民が罪を犯して捕われている。この責任は朕一人にあるのであって、民に関わるものではない。よろしく寛大に罪を許して寿命を全うさせ、瑕《きず》と汚れを洗い流して生れ変れるよう、天下に大赦を行なうこととする」

責任は朕一人にあり――。これが在位二十五年の聖武天皇が貫き通した政治倫理の基本であった。

光明皇后もまた、自分が皇后になってから、天災と飢饉《ききん》の連続で、百姓が苦難に喘《あえ》いでいる有様に、強い自責の念を感ぜずにはいられなかったろう。

明くる天平七年の春、十八年間の留学で輝かしい名声を得て唐から帰国した僧の玄昉《げんぼう》は、そのような苦悩と不安の毎日を送っていた光明皇后の前に現れたのである。

玄昉との醜聞

唐で玄宗皇帝に重んじられて三品《さんぼん》（僧として親王に当る高位）が着る紫の袈裟《けさ》を与えられ、経論五千余巻と多くの仏像とともに帰朝した玄昉と光明皇后の間に、やがて容易ならざる噂《うわさ》が語られ始める。

これは後に玄昉が死去した時、『続日本紀』に恩寵《おんちょう》に乗じて沙門《しゃもん》の定めに背く行ないがあったため「時の人これを悪《にく》む」と記され、噂を信じた藤原広嗣《ふじわらのひろつぐ》による反乱が起きたくらいだから、宮廷を揺るがせた大スキャンダルといって差支《さしつか》えあるまい。

遥か後年に水戸藩が編纂した『大日本史』は事件の中心の部分をこう伝える、「（玄昉は）屢々説法と称して、藤原皇后に近侍し、頗る醜声ありて外に聞こゆ。（藤原）広嗣之を斥《しりぞ》けんと請う。帝納れたまわず」と。

この事件の真相はどのようなものであったのだろうか。

玄昉によって齎《もたら》された経論五千余巻というのは、五千四十八巻と伝えられる唐代の「大蔵経」の全巻であろうとおもわれる。

当時の人にとって、経論の大全集である「大蔵経」は、後世でいえば「世界大思想全集」から「世界文学全集」「世界百科全書」に至るまでの分野を尽《ことごと》く包括し、ありとあらゆる学問と芸術の精髄が溢れんばかりに詰め込まれた知恵の宝庫と考えられていた。

もともと遣唐留学僧に選ばれるのは群を抜いた秀才で、玄昉は長年にわたって法相宗の第三祖智周《ちしゅう》の薫陶を受け、玄宗皇帝から紫衣を授かったというのだから、それなりの風格と骨相の持主であったに相違ない。

かれが持ち帰った厖大《ぼうだい》な大蔵経の中には、天変地異を鎮める術も、政治の正しいやり方も、疫病を防ぎかつ癒やす方法も、きっとどこかに記されている筈であった。

絶えず大陸の最新の知識と学問に通じることによって伸びて来た藤原家に生れ育ち、しかもこの頃夜も眠れぬ程の苦悩と不安に苛《さいな》まれていた光明皇后の目に、新帰朝の碩学《せきがく》の姿がいわば万能の救い主のように映ったとしても不思議ではない。

玄昉の帰国から二年後の暮れ、聖武天皇と光明皇后のかれに対する信頼を決定的にす

る出来事があった。『続日本紀』によれば、

――この日、皇太夫人藤原氏（宮子）は皇后宮に赴き、僧正玄昉法師を引見した。天皇もまた皇后宮に行幸された。皇太夫人は久しく幽憂の中に沈んで人事を廃し、天皇を産んで以来相見《あいまみ》えたことがなかったのだが、法師がひとたび看病すると、瞬時に悟りを開いたように迷いの雲が晴れ、天皇と面会することができた……。

というのである。まるで奇跡のような成行きだが、玄昉の風貌と言動には一種のカリスマ性のようなものが備わっていたのだろうか。

光明皇后が並外れて旺盛な知識欲の持主であることは既に明白であろう。先進国唐の政治と文化とそれらの中心をなす仏教について、何を聞いても玄昉には答えられないということがなかったに違いない。

皇后宮内の道場で二人きりの長い時間を過ごし、長年の疑問が次から次へと解けて行く知的な快感から断続的に発せられた快活な笑い声が、そう疑って聞いた人の口から醜聞となって伝わるのは、十分にあり得ることである。

既に玄昉が帰朝した翌年から、五千余巻の一切経の写経事業が、皇后の発願により皇后宮職の写経所で始められていた。巻末の願文に記された「皇后藤原氏光明子奉為」という文言と「天平十二年五月一日記」という完成時の日付から、「五月一日経」とも「光明皇后願経」とも称される経巻は、正倉院を始めとして各所に約千巻現存しており、

史上最も卓越していた天平期の写経の最高水準を示すものとされている。

ところが写経が始められた翌天平九年の春から、都に天然痘が大流行して、光明皇后の兄弟で何れも朝廷の有力者であった藤原家の——参議の房前《ふささき》、同じく参議の麻呂《まろ》、右大臣の武智麻呂《むちまろ》、更に参議の宇合《うまかい》の命が、次々に失われて行った。

世間からは長屋王を葬り去った首謀者と見られていた四人である。世人もそう感じたであろうように、光明皇后の心中には、無実の罪で妃と四人の王子ともども自害を強いられた長屋王の祟《たた》りか……という恐怖のおもいが、一人また一人と死ぬたびに、どんどん強まって行ったろう。聖武天皇の胸中もまた恐らく同様であったに違いない。

話を前に戻せば、天平五年に母橘三千代を失って、夜も眠れぬ重い気鬱の病に囚《とら》われた光明皇后は、一周忌に亡き母の冥福を祈って興福寺西金堂の建立を始めた。

その内陣において本尊の釈迦如来《しゃかにょらい》を護衛する八部衆のうち、二体は異類の貌だが、あとの六体は人間の顔で、いかにも実在の人物を写したのに相違ない各自の個性を髣髴《ほうふつ》とさせる迫真性が面貌に如実に表れている。

中でも阿修羅《あしゅら》像は、多くの人がモデルを少年と推定するが、簡素な服装で首飾りや腕輪をつけている細身の体軀は、私の目には女性に映る。何より重要なポイントは、他の七体は仏法の守護神らしく堅固な鎧《よろい》を身に纏《まと》っているのに、阿修羅だけは武装していないことだ。

阿修羅といえば、古代インドでは天上の神々に戦いを挑む悪神で、改心して仏法の守護神となってからも熾烈《しれつ》な闘争心の権化である筈なのに、ここでは清純な信仰心の化身のように表現されている。

その身なりは、裾を長く引いた正装でも礼装でもない。どう見ても日常生活で自由に動き回る時の普段着だ。上半身は薄い天衣《てんね》で、条帛《じょうはく》（ショール）を斜めにかけ、下半身は裾の短い巻スカート。そのカジュアルな南方系の軽装は、多分当時の国際都市長安で流行した最新のスタイルとおもわれ、物心ついた頃から唐風一辺倒の家に育った安宿媛が、海外の最先端のファッションに敏感でなかった筈はない。

服装は庶民的なのに、瓔珞《ようらく》（ネックレス）、腕釧《わんせん》（ブレスレット）、臂釧《ひせん》（二の腕の腕輪）と、何《いず》れも舶来の高級ブランド品に違いないアクセサリーを身につけている。

仏法の守護神阿修羅のモデルとして、皇后宮職から彫像の重任を託された仏師の前に、日常の普段着で立てるのは、私の考えでは唯一人しかいない。

阿修羅像の顔で、多くの人が一番強く印象づけられるのは、寄せた眉の間に漂う深い憂いと悲哀の色であろう。それは苦悩の絶え間がなかったモデルの内心の奥底から浮び上がったものと推察される。

この頃光明皇后は三十代の前半であったが、その年齢で少年の体つきと少女の印象を兼ね備えた女性を想像することは、年を取っても若々しい感性を失わない女性が増えた現代のわれわれにとって決して難しい話ではなく、天平の昔であっても光明皇后がそうした女性であった可能性が皆無とはいえない。

興福寺の阿修羅像は、常に苦悩を内に秘めながら、夫の聖武天皇をしっかりと支え、かつ仏法の強力な守護神となるために、多くの敵対者を向うに回して、その像の姿通り「三面六臂《さんめんろっぴ》」の働きを続けていた女性の――直向《ひたむ》きな決意を体した天才彫刻家将軍万福が、精魂籠めて写し取った光明皇后の肖像と観《み》て恐らく間違いあるまい。

高さ百メートルの七重塔

朝廷を牛耳っていた藤原家の四兄弟が病死し、空白となった政治の舞台の中心に代って登場したのは、皇親勢力の公卿 橘 諸兄《たちばなのもろえ》（敏達《びだつ》天皇の子孫）で、右大臣に任じられて政治の実権を握ると、留学帰りの吉備真備《きびのまきび》と玄昉を重用し、藤原家の勢力は大きく後退させられた。

大宰府に少弐（次官）としての赴任を命じられて、それを左遷と感じた藤原広嗣（天然痘で死んだ参議宇合の子）の憤懣《ふんまん》に火をつけたのが「諸国七重塔建立令」である。

かれの考えでは、天変地異が続き禍《わざわい》が絶えないのは専ら唐の仏教の模倣に走って、庶民を苦しめる七重塔建立令を出させたりしている玄昉と、長く異国にあってわが国の実状を知らず、唐風の政治を進めている吉備真備が元凶であるのに違いないのであった。

広嗣は天皇に、玄昉と真備を除け、という上表文を送り、兵を率いて大宰府を出発した。玄昉と真備こそ逆臣で、自分は忠臣であると信じていたらしい。

しかし、自らおもい描いた壮大な計画の出発点として「諸国七重塔建立令」を発した聖武天皇は、これを反乱と断じて、兵士一万七千人の征討軍を差し向け、乱は二箇月で終り、広嗣は肥前国松浦郡で斬られた。

藤原広嗣の乱が鎮定された翌年三月、七重塔建立令の意図をより鮮明にした前記の「国分寺創建の詔」が出された。諸国に国分寺を建て最終的には都の東大寺を総国分寺として、そこに大仏を建立するという遠大な計画である。

そして完成された大仏殿と大仏の巨大さは、今も見る者を圧倒せずにはおかないが、創建時の東大寺は更に想像も出来ない程の威容を誇っていた。大仏殿の東西両翼に、高さが何と三十三丈（約百メートル）に及ぶ七重塔が、二つ聳《そび》え立っていたのである。

現在、大仏殿の一隅に、明治四十三年にロンドンで開かれた日英博覧会に出展された、創建時の東大寺の中心部を五十分の一に縮尺した模型が展示されているが、高さ十五丈六尺（約四十七メートル）の大仏殿の二倍の高さを明瞭に示して模築された七重塔の東塔と西塔を目にしても（後年に火災で焼失した）その姿を現実のものとして脳裡《のうり》におもい描くのは甚だ困難だ。

模型は日本建築史の泰斗である東京帝大教授の伊東忠太と関野貞《せきのただし》が監修し、京都帝大教授の天沼俊一の設計によって造られたものだから、学問的根拠に十分基づいているのは確かであろう。

聖武天皇、光明皇后、玄昉、行基《ぎょうき》、良弁《ろうべん》がおもい描いた夢の大きさ、それを実現させた数々の優秀な工匠、多くの工人、役夫達の自発的な意欲と情熱の豊かさと逞《たくま》しさは、仏に対する真の信仰を失ってしまった現代のわれわれには、まるで想像もつかない程のものであったのに相違ない。

しかもその夢の核心の部分は、それから千二百数十年経った今なお現実のものとして、われわれの眼前に確固として実在するのである。

大仏開眼会を翌年に控えた年の秋頃から、五十一歳の聖武太上天皇は重い病の床に臥《ふ》していたのだが、開眼会の未曾有の盛儀を見届けてから四年後の五月二日、五十六歳で崩御し、都の北郊の佐保山に葬られた。

光明皇后はそれから四年後、六十歳で崩御し、同じ佐保山の東陵に葬られた。

生前共に味わった苦しみと悲しみが、史上稀《まれ》に見る程深く重いものであったとおもわれるだけに、辿《たど》り着いた涅槃《ねはん》の安らぎも大きかったと想像してよいのではなかろうか――。

第五章◉本居宣長

商家から医師へ

本居宣長《もとおりのりなが》の生家が伊勢松阪の小津家と知った時から、同じ伊勢松阪を父祖の地とする映画監督小津安二郎にも縁があるのでは……とおもっていたが、それが事実であったことを篤実な映画ジャーナリスト石坂昌三の好著『小津安二郎と茅ヶ崎館』で知らされた。

わが国固有の文化と精神の解明を目的とする「国学」（もっとも宣長自身はそう呼ぶのを認めず、それは「漢学」に対比させた言葉であるから、単に「学問」または「皇朝学」と呼ぶのが正しいとする）の大成者で、それまで長く解読不能であったわが国最古の古典『古事記』を、三十数年かけて克明に読み解いた本居宣長と、他のどこの国の映画にも似ていない独得の芸術的な邦画を完成し、今や映画監督として世界の最高峰と目されている小津安二郎は、同じ系譜に生れていたのである。

小津自身それを意識していたらしく、自作の制作意図について「できるだけ劇的なものを減らして表現された中から、漂い出した余情がもののあわれを感じさせ、見終って大変後口のいいものになる。それが目標だ」と著者に語ったという。「もののあわれ」はいうまでもなく、宣長がわが国特有の美意識として国文学の中心に見出した感性だ。

宣長は自家の家系を『家のむかし物語』に記しているが、何事もその淵源にまで遡らずにはいられない完璧主義者のことだから、桓武天皇三十二代の孫から始まる系譜の記述は余りにも詳細に過ぎるので、江戸中期の当人の代に近づいた辺りから要約して紹介しよう。

もともと本居氏である宣長の祖先は、安土桃山時代の天正年間に近郊の小津村から油屋源右衛門が松坂（当時の表記）に移り住み、小津と名乗って商いを始めて以来、時を経るにつれ小津姓の商人の家が松坂に増えて、小津一党と称されるようになった。

宣長の小津本家は、松坂の本店のほか江戸に下って松坂木綿の問屋と売場を営む富裕な商家となり、祖父定治の代には江戸で煙草《たばこ》店と両替店も兼業して大いに繁昌した。

そこまでは頗《すこぶ》る積極的な商才に富む家だったのだが、父定利の代から江戸店が不振に陥り、それを立て直そうと苦闘して果せずに父が江戸で客死したのは、次男の宣長が十一歳の時――。

十六歳で支店を再興するため江戸に下り、叔父の下で見習いを始めたものの、商売には全く向いてなくて、僅か一年しか保《も》たずに、松坂へ舞い戻って来てしまう。

十九歳の時に伊勢山田の紙商今井田家の婿養子になったが、帳場に坐《すわ》っても商売より作歌、夜は読書（当時のそれは声に出して読むことだ）に身を入れる暮しぶりに愛想を尽かされ、二年で離縁となってまた松坂に戻った翌年、家督の義兄が病没して宣長が跡を継ぐことになった。

そこで母かつの「弥四郎（宣長の本名）は商いの筋に疎く、ただただ書を読むことだけを好むので、今後商人になっても上手《うま》く行かないであろう。家産も減る一方なので、私達はどうやって世を渡って行ったらいいか。案ずるに弥四郎は京に上りて学問をし、医師《くすし》になるのがよい」という勧めに従い、京へ出て医業を学ぶことになる。

本人も「男勝りの気性で聡明だった母の計らいは返す返すも有難くおもわれる」と回想しているが、この母がいなければ無類の大学者本居宣長が生れていたかどうかは解《わか》らない。

上洛《じょうらく》を機に、商人の姓である小津から、武士の姓である元の本居に戻り、名も弥四郎から健蔵を経て宣長に改めた。つまり、もしもかれが少しでも商才に恵まれていたら、大学者本居宣長は世に現れていなかったに相違ないのである。

ちなみに松坂で木綿を扱う富裕な商人であった小津安二郎の父祖も、祖父の代に東京に出て各種の商売で成功を収めたが、父寅之助の「子供の教育には田舎がいい」という方針に従い、父親だけを深川に残して、母親と子供五人が松阪に帰り、安二郎は小中学校時代をそこで過ごした。

本居宣長と小津安二郎というわが国の文化史に聳立《しょうりつ》する二人の巨人を育んだ精神的な背景として、多感な少年期を広大で深遠な伊勢神宮の神域が身近に感じられる環境で過ごした共通点は、決して看過できない要因のようにおもわれる。

「もののあわれ」とは……

宣長がわが国特有の美学の真髄とする「もののあわれ」の講釈を作中に述べた書は二冊あって、一つは数え年三十四歳の前半に生れた『紫文要領《しぶんようりょう》』（後に改訂して『源氏物語玉《たま》の小櫛《おぐし》』）、もう一つは同年の後半に書かれた『石上私淑言《いそのかみのささめごと》』だ。

『紫文要領』は宣長が学究生活の前半に傾倒した紫式部『源氏物語』の概論書で、「もののあわれ」について説いた部分を要約して現代文にすれば……。

およそこの物語五十四帖は、物の哀れを知るという一言に尽きる。世の中のありとあらゆる事のさまざまな姿を、見るにつけ聞くにつけ触れるにつけ、そのよろずの事を心で味わって、わが事のように感ずる。これが事の心を知る、物の心を知る、物の哀れを知るということである。

人が甚《はなはだし》く悲しむさまを見聞きして、その悲しみの心を知り、さぞ悲しかろうとわが心に推し量って感ずるのが物の哀れで、物の哀れを知らぬ人は、どれほど人が悲しむのを見ても心がそれに与《あずか》らないから何も感じない。

世のあらゆる事に物の哀れはあり、善悪正邪の別はあっても、感ずる心は自《おの》ずと抑え難く生れるものであるから、わが心ながらおもうに任せぬところがあって、悪しく邪《よこしま》な事にも感ずる時がある。

儒仏の道は、悪しき事に感ずるのを戒め、悪しき事には感じないように教える。わが国の歌と物語は、まず物の心、事の心に感ずるのをよきこととし、その善悪正邪には関わらない。とにかく感ずることを物の哀れを知るといい、いみじきこととする。物の哀れとは、以上のような味わいをいうのである……。

異国の教えである儒教と仏教は、物事を全て善と悪、正と邪に二分して、邪悪の否定を原理とするが、わが国の文学はそれより先に「もののあわれ」を知るところから始まるというのが宣長の源氏物語論の核心であった。

現今の靖国問題も、この宣長の観点に立てば、如何《いか》に解決困難な課題であるかが一層身に沁《し》みて感じられるであろう。

母かつの勧めにより、二十三歳で京都遊学の途についた宣長は、まず儒医（儒学者で医師）の堀景山を師として、医術の漢籍の読み方を習い、医業の実際は堀元厚に学んだが、元厚が死去したので、以後は京都で代々小児科の名医と知られ、法眼の位を持つ武川幸順の門に入った。

儒医堀景山に教えられて、医術のみに止《とど》まらない漢籍の五経（易経・書経・詩経・礼記・春秋）や『史記』『荘子』『荀子《じゅんし》』『列氏』など名立たる古典を片っ端から読破する一方、宣長は上洛した翌年に『源氏物語』の研究書の書写を始め、それを皮切りにわが国の古典文芸にのめり込んだ。

景山は風雅の人であったから、宣長も他の門人と共に花見や紅葉狩りや月見、能、芝居、相撲見物、神社仏閣の祭礼開帳などに連れられて行き、それに伴って風流の宴《うたげ》の楽しみも覚えたらしく、宴席で宣長がかなり酒を嗜《たしな》むことを、京都に支店を持つ松坂の商人村田伊兵衛に教えられた母かつは、

「酒飲むごとに親への不孝とわれらが事をおもい出して、盃《さかずき》に三杯以上は飲み申されまじく候」

と厳しく戒める手紙をわが子に送った。

二十八歳の秋、宣長は五年八箇月の京都遊学を終えて松坂に帰り、前から祖父小津定治の隠居所として職人町に建てられた建物を魚町に移築して母かつと弟一人、妹二人と共に暮す家で医師を開業し、夜は文学の門人に『源氏物語』の講義をする生活を始めた。

昼は医師、夜は学者。この二重生活は宣長に計り知れない程大きな実りを齎《もたら》した。一家五人（妻帯して子供が生れてからはもっと増える）の生計を立てなければならないか

ら、昼の医業を疎《おろそ》かには出来ない。その収入によって夜の学究生活に心置きなく専念できる。

こうした生活設計なしに、宣長が後半生の三十余年をかけて畢生《ひっせい》の大作『古事記伝』全四十四巻の執筆を達成することは、到底不可能であったろう。

宣長の研究の主な対象は、前半が『源氏物語』、後半が『古事記』に分れるが、その分岐点となったのが戦前は尋常小学国語読本（第六学年用）に載せられて、日本人の誰もが教えられていた「松阪の一夜」である。

松阪の一夜

教科書の内容を要約すれば――。

ある日、宣長が行きつけの古本屋へ行き、店の主人に「あなたがよく会いたいとお話しになる江戸の賀茂真淵《かものまぶち》先生が先程お見えになりました」と教えられ、あわてて後を追いかけたが見つからず、その時旅宿の主人に託した言伝によって数日後に面会が実現した。

七十歳に近い国学の老大家賀茂真淵は、まだ三十歳余りの宣長の学識が尋常でないのに驚き、かつ頼もしくおもい、これから古事記を研究したいと考えていた宣長にそのための注意を求められてこう教えた。
「それはよいところに気づかれた。私も実はわが国の古代精神を知りたいという希望から、古事記を研究しようとしたが、どうも古い言葉がよく解らない。古い言葉を調べるのに一番よいのは万葉集です。そこでまず万葉集の研究を始めたところが、何時《いつ》の間にか年を取ってしまい、古事記に手を延ばすことが出来なかった。あなたはまだお若いから、しっかり努力なさったら、きっとこの研究を大成することが出来ましょう。ただ注意しなければならないのは、順序正しく進むということです。これは学問の研究には特に必要ですから、まず土台を作って、それから一歩一歩高く登り、最終の目的に達するようになさい」

この教科書の言葉は、宣長の随筆集『玉勝間《たまかつま》』の「あがたゐのうしの御さとし言」に基づいて書かれているのだが、原文を忠実に簡略化して伝えたものといっていい（県居は賀茂真淵の家号で、真淵が没した後の命日には、宣長の書斎の床の間に「県居大人之霊位」という軸が掛けられるのが常であった）。

真淵との出会いから間もなく、宣長は源氏物語の研究にひとまずけりをつけるように前述の『紫文要領』を書き上げ、続いてもう一つの「もののあわれ」論を含む歌論書『石上私淑言』を書き出した。

宣長が敗戦後に軍国主義のイデオローグと目されて思想的パージの対象になったこと

を知る者には、実に意外な主張が語られるこの本は、「ある人」が発する問いに師が答える構成になっていて、例えば――。

問いていわく、いとしいわが子に先立たれた時、父は落着いて冷静にしているのに、母がひたすら歎《なげ》き悲しんで涙に暮れるさまを見比べれば、はかなく女々しいのは、女子供のなすわざというべきではないのか。

答えていわく、その通りである。しかし、雄々しい父の姿は、世間体を慮《おもんぱか》って取り繕った表面であって、母が人目も気にせずに泣き崩れるのは、まことに女々しくみっともなく見えるけれども、これぞ飾らぬ真の情である。

表面の違いはあっても、心奥の悲しみの深さに変りがある筈《はず》はないので、どちらを賢いとか愚かであるとか決めつけられることではない。詩歌というのは、塞いだ心からあり余るものを歌い出て、悲しみを晴らすためのわざであるから、必ず女々しくなくてはかなわないものなのだ。

されば詩歌は異国の書のように、かくかくあらねばならぬ、と万《よろず》に取り繕っていうべきものではない。善くも悪しくも、おもう心のありのままを歌うもので、今のように、これはよくない、とか、これは女のようだ、とか決めつける賢い詩は、詩の本意ではない。

そんな風に述べてきて、宣長はこう結論づける。

「ただ物はかなく女々しげなる此方《ここ》の歌ぞ詩歌の本意なるとはいう也《なり》」

わが国の詩歌の真実は女々しさにあり、物事を何もかも善悪の何《いず》れかに理屈で割り切るのではなく、「もののあわれ」を解する心こそが、他に優るこの国の文芸の本意なのだ……という本人の考えを知れば、『古事記伝』の序論で天照大御神の御子の治《し》ろしめす「皇大御国《すめらおおみくに》」の万《よろず》の国に勝れる尊さを説いた本居宣長を、戦時中に神格化して祭り上げ、皇国史観と軍国主義を代表する存在に仕立てた人達との間に、どれほど大きな距離があったかは明白であろう。

「もののあわれ」について、『石上私淑言』では次のように定義する。

「さてその物のあわれを知るといい、知らぬというけじめは、たとえばめでたき花を見、さやかなる月に向いて、あわれと情の感《うご》く、則《すなわ》ちこれ、物のあわれを知るなり」

「月花のみにあらず、すべて世の中にありとある事にふれて、その趣き心ばえをわきまえ知りて、うれしかるべき事はうれしく、おかしかるべき事はおかしく、悲しかるべき事は悲しく、恋しかるべき事は恋しく、それぞれに情の感くが、物のあわれを知るなり。それを何とも思わず、情の感かぬが、物のあわれを知らぬ也。されば物のあわれを知るを心ある人といい、知らぬを心なき人というなり」

そう感じた人が少なくないとおもうが、実はこれ至極当り前のことである。その当り前のことが忘れ去られているから、世の中がまともでなくなって来る。今「心なき人」

が前例のない速度で急増しつつあるのは、心ある人の目に判然と映っている筈だ。

宣長は現代人には到底信じ難い極言も述べるが、このように時代を超えて変らない普遍的な真実を告げる人でもあったのだった。

古言を通じて古代人と一体化

部厚い「本居宣長全集」の四巻を占める『古事記傳』全篇にまでは手が伸びないにしても、『古事記』の神代篇だけの注釈を収めた岩波文庫の『古事記伝』（全四冊）を手にして頁《ページ》をめくり始めた人は、現代人には全く信じ難い解釈が次次に出て来るのに戸惑わざるを得ないに違いない。

一例を挙げれば、『古事記』で出雲の大国主神に「国譲り」を迫る高天原《たかまがはら》の使者が伊那佐の浜に着いて最初に示す姿勢が、倉野憲司《くらのけんじ》校訂の岩波文庫版の読み下し文では、「十掬　剱《とつかのつるぎ》を抜きて、逆《さかしま》に浪の穂に刺し立て、その剱の前《さき》に趺《あぐ》み坐《ま》して」

と書かれている。

現代人なら誰しも波打際に大剱を逆さに突き立て、それを背にして砂浜に胡座《あぐら》をかき、示威の姿勢を取った光景と見るだろう。

だが宣長によれば「剱の前」とは剱の尖端の意味で、柄の方を根元にして海中に突き刺した剱先の上に、使者は腰かけて足を組んだ姿と見るのが正しく、何でそんな曲芸師みたいな恰好《かっこう》をしたかというと、天津神の使者の奇《く》しく霊《あや》しき威徳を示すためだ……というのである。

そんな突拍子もない解釈を、どうして宣長が断定的に述べるかといえば、『古事記』に書かれていることは全てその言葉通り実際に起った話であると信じたからであった。『古事記伝』の巻頭に掲げられた総論において、宣長はこう主張する。

意と事と言とは、みなそれぞれに釣り合って対応しているもので、上代は意も事も言も上代、後代は意も事も言も後代、漢国《からくに》は意も事も言も漢国のものであるのに、（日本）書紀は後代の意をもって上代の事を記し、漢国の言をもって皇国の意を記されたるゆえに、あいかなわざることが多い。

しかるにこの記（古事記）は、いささかもさかしらを加えず、古《いにしえ》より云い伝えたるままに記したので、その意も事も言もよく釣り合い、みな上代の実《まこと》である。これはもっぱら古の語言を主《むね》としたからだ。

そして宣長はこう告げる。

「すべて意も事も、言を以《もっ》て伝うるものなれば、書はその記せる言辞《ことば》こそ主には有りける」

持てる力の限りを尽して言辞を主とする書の中に没入し、古言に深く通暁するにつれて、かれは身も心も古代人と化し、そこに述べられた物語は、尽《ことごと》く実際に生起した出来事であると信じ切った。

戦前戦中に国粋主義や排外主義や皇国史観を奉ずる人達に崇められた『古事記伝』の序論の部分は、宣長が物の見方も考え方も感じ方も、古代人と一体化したところから生れたので、またそうなっていなければ、あれほどまでに精密さを極めてありありと目に見えるような古事記解釈は出来よう筈がなかったのである。

「世界的日本人」

敗戦後、皇国史観の元凶と目されて、思想的パージの対象となった宣長を、その戦争の真っ只中《ただなか》に「世界的日本人」と称した人がいた。筆を執っては論文を中国語で書き、読むにあたってはわが国独自の漢文訓読法によらず中国語音による直読を信条とした大学者吉川幸次郎である。

昭和十六年十月号の雑誌に発表した文章「本居宣長――世界的日本人――」でかれは凡《おおよ》そ次のように述べた（丸括弧内は引用者の注釈）。

私は中国を対象とする学問に従事するもので、国学を専攻するものではない。にも拘《かかわ》らず、私が宣長を偉大なりとするのは、その学問の方法に甚だしく感心するからである。

（漢意《カラゴコロ》を排した）宣長について驚嘆するのは、中国の事象についても極めて的確な解釈に到達していることで、漢文の読み方が正確であるのは堀景山の弟子であり、徂徠《そらい》の孫弟子である以上当然としても、当時の群儒を抜くものがあると感ぜられる。

宣長の学問、それは実証学である。何事も古書によりてその本を考え、上代の事をつまびらかに明らむる学問である。その認識の基礎としては、一切の恣意を排して最も確実なものが求められなければならず、「そうした確実な基礎として、宣長が求めたものは何であったか。それは実に、古人の言語であった」。

人間の行為は全て精神の反映であるが、過去の人々の行為のうち、最も確実に捉えうるものは、言語活動をおいて他にはない。それなのに現在の認識では「言」は「事」を記載するがゆえに尊いとされる。しかし宣長の考えでは言語そのものが事実なのである。

現代の史家は、「事」を求めるのに急で、「言」もまた「事」であることを忘却しているようだ。その結果、最も「言」を重んずべきである文学史家でさえ、作品の中の「事」を論ずるのに忙しくて、「言」を論ずるのにはやぶさかである。

宣長が偉大な人物であることは、人の争って説くところだが、その偉大さは本当にはまだ理解されておらず、現代の日本人の歩みつつある方向は、必ずしも宣長の唱えた方向とは一致していない。

「宣長を偉大とするからには、その偉大さを本当に知るのでなければならぬ。それには今の日本人がもっと偉くならねばならぬと考える」

吉川幸次郎がそう書いたのは前記のように昭和十六年十月、日本が米英諸国を相手に大戦争を始める二箇月前のことであった。

当方の感想を述べれば、敵愾心《てきがいしん》を抱く相手国の言語に精通してあらゆる漢籍を読み、その国の事象について（中国の文章と思想を説くのが専門の）群儒を抜く程の極めて的確な解釈に到達した所に、当時の日本人が持ち合わせていなかった宣長の偉大さを認めたものとおもわれる。

吉川幸次郎は昭和十三年に宣長が初学者への入門書として書いた『うひ山ぶみ』を読んで感銘を受け、戦後に朝日新聞から「一冊の本」を求められた時この小冊子を挙げて次のように書いた。

「子を失った父よりも母の方がとりみだす、とりみだす方が真実であり、詩歌の真実もめめしさにあるという説を、『石上私淑言』で読んだのは、中国での戦争がたけなわなころであった。文学を教訓的価値で判断するのは、桜の木を薪にするようなものという説は、『源氏物語玉の小櫛』に見えた。当時の私を慰めてくれたのは、『五経』とともに、宣長であった。（『古事記伝』など厖大《ぼうだい》な著作を読むようになった）きっかけは『うひ山ぶみ』にある。その意味での一冊の本であるかも知れない」

音読の効果

『古事記』の注釈の筆を進めて三十数年、宣長は毎夜黙々と文字の字面を目で追ってい
たのであろうか。

無論そんなことのあり得よう筈がない。

人間が文字を使い出してから数千年の歴史で、黙読の習慣がついたのは、たかだかここ数百年来のことで、前田愛『近代読者の成立』が「音読から黙読へ」の章で紹介するD・リースマン（さよう、あの『孤独な群衆』の著者）は、次のように説く。

「じつにグーテンベルグが出た後でさえ、現代の読書の方式が一般化するまでには長い時を要した。書物は独りで読まれる時ですら、声をあげて朗読された」

「印刷された行をななめに、頭を梭《ひ》のように素早く動かしながら、黙ったままで脚光を浴びない内密な読み方をすることを学んだのは――これはいかにも彼等然としている――清教徒である」

教会堂に集まった信者が、壇上に立つ神父の口頭の言語を通じて、神の教えを聞く聴衆であった旧教から、印刷術の発明も一つの契機となった宗教改革を経て、信者が一人一人家で聖書に向い、文字を通じて直接神の教えに接する新教の時代に移行した時から、

默読の習慣が定着したというのである。

それまでは世界中どこでも、読書は声に出して朗読するものであった。宣長の居宅二階の内庭に面した書斎「鈴屋」からも、夜な夜な『古事記』を朗誦《ろうしょう》する声が洩《も》れていたことであろう。

『古事記伝』の著述を始めて五年程経《た》った頃、宣長は『字音仮字用格《モジゴエノカナヅカヒ》』を著し、その中でわが国の五十音図のア行のオとワ行のヲが、鎌倉時代以後入れ違っていたのを指摘して訂正した。

ア行のイエオとワ行のヰヱヲの間には、どんな違いがあったのか。宣長は昔はワ行がウァウィウゥウェウォと発音されていたのが、一音に結合してワヰウヱヲとなったものと推定して、鎌倉以降の五十音図の誤りに気づいたのである。

『古事記伝』冒頭の凡例「仮字《カナ》の事」でも、平安中期以前の書はみな仮字用格が正しく、阿伊宇延於、和韋宇恵袁、の伊韋延恵於袁がはっきり使い分けられていて、誤り乱れることが一つもない。それぞれ口に出す音が違っていたから、書き記す仮字も自ずと区別されていたのだと述べ、平安中期以降に失われるこの区別が、古事記と日本書紀と万葉集においては正しくつけられており、古事記においてことに正しい、と説いた。

これらは常々『古事記』の文字を見ながら、繰り返し声に出して朗誦していたことから確かめられたことであったのに違いない。

一心に精神を集中して夜毎古語を発声することは、宣長の心身を古代人と一体化させるのに、さぞ大きな効果を発揮したものとおもわれる。

言語の成立には、「文字」に遥《はる》かに先立って「音声」がある……というのが、本居宣長の言語学の出発点であった。この間の気配を察知して、作家石川淳は次のようにいう。

「『古事記』はすべてこれ古き世の語部《かたりべ》が声に出て誦《よ》み上げたという代々の旧辞である。これに訓したということは、遠い語部の声を追い求めて、宣長みずからこれを誦みならったにひとしい。旧辞の世界は神々の住むところである。神々は宣長の目前をかすめた雲烟《うんえん》ではなく、そのいのちの息の中に躍動して、その体内に深く宿った『実物』であった」

石川淳のいう「遠い語部」は、宣長自身にとっては恐らく天武天皇であったろう。『古事記』の誦習は天武天皇の命によって始められ、天皇が崩御した後も二十五年間にわたってそれを続けて来た稗田阿礼《ひえだのあれ》の暗誦を、元明天皇の命を受けた太安万侶《おおのやすまろ》が撰録《せんろく》（筆記）することによって完成した。

本篇の第二章「天武天皇」に記したように、宣長は『古事記』序文の中の——太安万侶が撰録を命じられた「稗田阿礼の誦む所の勅語の旧辞」というくだりの「勅語」という言葉を重く見て、これは最初に天武天皇が御自ら口誦された物語を、稗田阿礼が誦習したのであると解釈した。

少なくとも神代篇に関しては事実その通りかとおもわれるが、宣長は『古事記』全体を天武天皇の「大御言」と信じていたのに違いない。

すなわち本居宣長は三十数年の間、繰り返し『古事記』の原文を声に出して朗誦しながら、数多の文献を参照して、全文の一字一句に詳細な注釈の筆を進めて行くうち、いつしか次第に千年以上前の天武天皇に成り代わっていたのではないか……と想像されるのである。

近代人秋成と古代人宣長の論戦

本居宣長が戦後、極端な国粋主義や軍国主義の先駆者とされて攻撃の的になった理由の一つは、四十九歳の時に『馭戎慨言《ぎょじゅうがいげん》』という書を著したからであった。

これは古来からのわが国と中国朝鮮との交渉の歴史を詳述して、戎を馭《ぎょ》する道、すなわち西方の野蛮国である中国と朝鮮は、尊き皇国であるわが国にまつろうべきであることを説いたものだ。

それに対して痛烈な批判者となったのが国学者で読本作者の上田秋成で、

――この国は天の皇孫の御本国で、日も月もここに生れたという。そんなことをいっても、よその国の人は誰も承知しないであろう。よその国々はわが国を君と崇《あが》めて崇敬しなければならぬ、というけれど、それが万国に通用する道理であろう筈がない。と述べ、「僻言《ひがごと》をいうてなりとも弟子ほしや、古事記伝兵衛と人はいうとも」と狂歌を詠んで揶揄《やゆ》した。

こうした知性の持主の秋成は当時にして既に近代人であり、一方は江戸時代の古代人で、その両者の間で交わされた壮烈な論争の往復文書を宣長がまとめた書が『呵刈葭《かがいか》』だ。

論争の争点の一つを紹介すれば——。

秋成「(オランダ製の『地球之図』を例に引いて)この図の中に、さて、わが皇国はどの辺にあるか、と見れば、広い池に浮ぶ細やかな木の葉のような小島でしかない。それで異国の人に、この小島こそ万邦に先立って開けた国で、全世界を照し出す日月が姿を現した本国であり、従って恩光を蒙《こうむ》る国々は尽くわが国に朝貢しなければならない、と教えても、一体何を根拠にそんなことをいうのか、と不審におもい、それに対して皇国の伝説を理由に挙げれば、同じような話はわれわれの国にもあって、あの日月はわが国にも太古から姿を現していたものである、というに違いない。霊異なる伝説はどこの国にもあるもの。論を広げて他国に及ぼす『馭戎慨言』のような書においては、もっと公平な目があって然《しか》るべきではないか」

宣長「万国の図を見たことを珍しげに事々しくいい立てるとはおかしな話だ。今時誰があの図を見ていないなどということがあろう。また皇国のさほど広大でないことも知らぬ者があろうか。全て物の尊卑美悪は形の大小で決まるものではない。数尋《ひろ》の大石も方寸の珠玉に如《し》かず、大きな牛馬も人には及ばない。かの万国図を見ると、南極に草木も生えず人もいない荒茫《こうぼう》の国があり、その広大さは地球の三分の一にも当る程であるが、定めし上田氏はこれを四海中の最上の国とおもっているのであろう」

無論現代人の目からすれば宣長に勝ち目はないが、しかしこの江戸期の古代人の論争能力にも侮れないものがあるといわなければならない。

そもそも宣長の極言は、圧倒的な儒学全盛の世でこのまま行けばそっくり大陸に呑み込まれてしまいかねない自国の学問と文化の地位を高めようとする少数派の学者としての危機意識に発しているので、そう簡単に引き下がる訳にはいかないのである。『古事記伝』の執筆を始めて既に十年以上経ち、わが国の神代の姿が眼前にあるもののように鮮明に見え始めていた宣長には、今日の言葉でいえば相対主義的な立場にたって、他に比類のない皇国の尊さを認めようとせず、何事も漢意《カラゴコロ》で割り切ろうとする秋成の論難が、賢《さか》しらな言挙げとしかおもえなかったのに相違ない。

儒学の天下に対するアンチテーゼとして発したその極言が、昭和に入って国粋主義と排外主義の意識を強めた一部の人びとには、大陸侵攻を肯定するイデオロギーに映った。だが、宣長にとってこれはあくまでも学問と文化の問題なのであって、その範囲内に限られた極言であるのは、女々しさを重んじた「もののあわれ」論に照らして明らかであるとおもわれる。

『古事記』の歌は万葉仮名

『古事記』は全文漢字で記されているが、漢文ではない。また『日本書紀』が十二人の皇族と官人を集めて始められた朝廷の公式の事業であるのに対して、『古事記』は天武天皇が稗田阿礼を助手にして始めた個人的な作業だから、撰録した太安万侶から元明天皇に献上された後は、文庫の奥に収蔵されたままやがて忘れ去られ、原本は失われてしまった。

現存する凡そ三十種の写本のうち、最古の「真福寺本《しんぷくじぼん》」は応安年間の一三七一、二年頃に成ったもので、太安万侶の撰録から六百六十年も後のことだ。

既にこの頃文字は写せても、それを的確に読める者は誰もいなくなっていたろう。もともと音訓交用表記と訓専用の変体漢文体（和化漢文体）を併用して、文字を持たない時代の大和言葉を漢字に移した原文は、出来上った時から著述した太安万侶と口述した稗田阿礼以外は真に正確な読み方を知らない文章なのである。

それでは、『古事記』は音声言語と文字言語の双方の働きを持つ「日本語」の母型で、漢字仮名交じり文の原型だというのは、おかしいではないか……とおもわれるかもしれない。その点について考えるためには、話をいったん「壬申《じんしん》の乱」まで戻さなければならない。

大海人皇子の挙兵を知った時、近江朝廷の廷臣大伴吹負《おおとものふけい》は兄とともに飛鳥（古京とも倭京ともいう）の実家に帰り、奇計を用いて駐屯していた朝廷軍を追い払って、そこを占拠したことを不破の行宮《あんぐう》に伝え、大海人皇子は勲功を賞して吹負を倭京将軍に任命した。

この時吉報を不破の行宮に伝えた使者大伴安麻呂は吹負の甥《おい》で、この安麻呂の子が「価《あたい》無き宝といふとも一坏《ひとつき》の濁れる酒に豈《あに》まさめやも」など一連の「酒を讃むる歌」を歌った万葉の歌人大伴旅人であり、さらにその子が、収録された歌が最も多い所から『万葉集』の主要な編纂《へんさん》者と目されている大伴家持である。

壬申の乱において大海人皇子が敗れ、それと共に大海人軍に加わった大伴氏（遥かな昔から近衛の任務と歌道で天皇に仕えて来た氏族）も滅んでいれば、『万葉集』は恐らく世に現れていない。『万葉集』が存在しなければ、あのように豊かで率直で溌溂《はつらつ》とした生活感情に溢《あふ》れ、宇宙的な広がりを見せていたわが国古代の壮大な風景が、後代の目にいかに索漠として空疎なものに映ったかは明白であろう。

『万葉集』は、漢字の音を借りて大和言葉を表す万葉仮名で綴《つづ》られている。後述する国語学者有坂秀世によれば、万葉仮名はわが国の地名や人名の音を漢字で写すことに始まり、その後使用範囲が次第に広がって、固有名詞でなくても漢語に訳し難い日本語彙を表すのにも使われるようになり、この種の翻訳不可能な語彙を数多く含む和歌は、漢語や漢文に束縛されないわが国人の真情を伝え、国語の音を間違いなく写し出すために、やがてその全文を万葉仮名で記すことが行なわれるようになった。

『古事記』には、歌劇といってもいいくらい多くの歌謡が出て来るが、五七五七七調の短歌として最初に出て来るのは、高天の原を追放されて出雲に天降った須佐之男命《すさのおのみこと》が、住民を苦しめる八俣《やまた》の大蛇《おろち》を退治した後、新妻の櫛名田比売《くしなだひめ》と暮す新宮を建てる場所を探し歩いて、須賀という地に定め、新築成った宮殿を近くの山頂から眺めて詠んだ国見の歌だ。

「八雲立つ　出雲八重垣　妻籠《つまご》みに　八重垣作る　その八重垣を」（出雲国に立ち昇る八雲が八重の垣を作っている。新婚の夫妻《つま》を籠らせるための八重垣を、吾《われ》は今見ているのだ）。

わが国の和歌（短歌）の嚆矢《こうし》とされるこの歌の原文は、

「夜久毛多都　伊豆毛夜幣賀岐　都麻碁微爾　夜幣賀岐都久流　曾能夜幣賀岐袁」

で、つまり万葉仮名である。

歌詞の部分は、前の行に歌った人の名前と「其歌曰」と記され、次に行を改めてはっきり歌であると示す書き方になっているから、そこは漢字を仮名として音読する部分であることが解る訳だ。

太安万侶は、撰録した『古事記』を元明天皇に献上するにあたって記した序文（これは朝廷の公用語である漢文で書かれている）において、本文の表記法（宣長の用語でいえば「文體《カキザマ》」）を、次のように説明する。現代語にして書けば、

「上古の時代は、言と意がともに朴《すなお》で、漢字で文章に書き表わすのは甚だ難しい。漢字の訓だけで記せば、言が心に及ばず、さりとて音のみを連ねて、事の成行きを伝えようとすれば、文がやたらに長くなる。そこで、ある場合は一句の中に音訓を交えて用い、ある場合は訓のみで記す方法を併用した」

『古事記』の撰進から安万侶の没年までは十一年ある。その間、不審の点は本人に聞けた訳だし、宮廷の舞台で稗田阿礼の神楽の上演も度々行なわれたであろうから、同時代の文書を専門とする吏僚や学者には、ほぼ正確な読み方が解っていた筈だ。

安万侶の在世中から始まっていたに違いない写本の作成は、没後も多くの書き手（吏僚や学者）によって受け継がれ、それらの人が先人に習って会得した原文の書き方と読み方が、ある時代までは文筆に携わる人の間に口伝えで知れ渡っていて、音声言語と文字言語の双方の働きを備えた日本語の母型と、漢字仮名交じり文の原型を生み出す基礎となった……と考えられるのである。

「アメ」と「カミ」の意味は解らない

宣長の解読は手に入る限りの写本を校合しての本文批判から始まった。国学がわが国独自の文献学（西洋では言語学と同義）とされる所以《ゆえん》である。

前記の上代における伊韋延恵於袁《ふえん》の書き分けは発音の違いによるという師宣長の説を、あらゆる古典について調べて敷衍したのが、門人石塚龍麿《いしづかたつまろ》の『仮字遣奥山路《かなづかいおくのやまみち》』で、注目する人がなく埋れていたその研究を、遥か後年に東京帝大助手の橋本進吉が発掘して、それに独自の知見を加え、奈良時代の大和地方の言語は母音が八つあって後代よりずっと多い八十七の音節を区別する音韻体系を持つものであったとする「上代特殊仮名遣い」理論を大正七年に発表した。

さらにその後の昭和七年、二十三歳の天才言語学者有坂秀世が、『古事記』のモの仮名には二類あり、当時の音韻の違いによって「毛」と「母」が一つの例外もなく遣い分けられていることを見出して、『古事記』は八十八の音節を区別していることを明らかにした。これが何を意味するかといえば、「古事記は後世の偽書である」という説を否定する重要な根拠となるのである。

それに関連していえば、世界的に著名な古典学者、英語学者のウォルター・J・オングは、『声の文化と文字の文化』（桜井直文、林正寛、糟谷啓介訳）でこう述べた。

「現代言語学の父であるフェルディナン・ド・ソシュールは、もっとも肝心なのは口頭での話しであり、口頭での話しが、すべてのことばによるコミュニケーションを根底で支えていること、そして〔それにもかかわらず〕書くこと〔書かれたもの〕が言語の基本的なかたちであると考える根づよい傾向が、学者のあいだにさえ存在することに、われわれの注意をうながした」

「ソシュールと同時代のイギリス人ヘンリー・スウィートは、はやくから、語は、文字からくみたてられているのではなく、〔意味弁別の〕機能を果たす音単位つまり音素からなりたっているのだと主張していた」


　現代の言語学においてそうした指摘がされるよりずっと以前に、言語の成立には「文字」に遥かに先立って「音声」がある、と至極当然のことを明瞭に認識していた本居宣長は、確かに吉川幸次郎のいう通り「世界的日本人」だったのである。


　宣長の『古事記伝』は、本文の冒頭から、一語一語の意味を語源にまで遡って子細に明らかにし、訓読する箇所と音読する箇所を分別して解読を進めて行く。

『古事記』の本文は岩波文庫の読み下し文を新字新仮名にして書けば次のように始まる。

「天地初めて発《ひら》けし時、高天の原に成れる神の名は、天之御中主神。次に高御産巣日神《たかみむすひのかみ》。次に神産巣日神。この三柱の神は、みな独神《ひとりがみ》と成りまして、身を隠したまいき」

宣長は漢字のみの原文に注釈して「天地は、阿米都知の漢字にして、天は阿米なり。かくて阿米てふ名義《なのこころ》は、未《いま》だ思ひ得ず」という。『古事記』の全ての言葉に詳細で克明な注釈を施した宣長が、本文の劈頭《へきとう》に出て来る語の原義を解らないというのだ。そして解らないことに関して、いろいろと理屈でこじつけるのを「漢意《カラゴコロ》」と宣長は呼ぶのである。

解らないことは解らない。「宣長の学問、それは実証学である」と吉川幸次郎はいったが、数々の明快な断定にも増して「阿米てふ名義《ナノココロ》は、未だ思ひ得ず」——解らない、と率直にいうところに、実証主義者の面目が最もよく発揮されているとおもわれる。またそこに博覧強記において古今無双の宣長の、学者としての誠実さを感ぜずにはいられない。

更に驚くべきことに「神」という漢字を当てられた「迦微と申す名義は未だ思ひ得ず」という。『古事記』において最も基本的な語彙の「天」と「神」について、共に正確な意味は解らない、というのである。

宣長によれば、わが国において「迦微」とは、天地のもろもろの神を始め、それを祀る社に坐《いま》す御霊、また人は勿論《もちろん》、鳥獣木草のたぐい、海山など、その他何であっても、尋常でないすぐれた徳があって、可畏《かしこ》きものの総称である。

そう聞くと、こちらもすぐに「漢意」で、「アニミズム」とか「多神教」という言葉で概括したくなるのだが、そう簡単に一筋縄で括《くく》れるものではない。宣長はいう。

「すぐれたるとは、尊きこと善きこと、功《いさお》しきことなどの、優れたるもののみを云《い》うに非《あら》ず。悪《あし》きもの奇《あや》しきものなども、よにすぐれて可畏きをば、迦微と云うなり」

かくの如《ごと》く迦微には、貴きもあり賤《いや》しきもあり、強きもあり弱きもあり、善きもあり悪しきもあり、とても小さな人智《じんち》で測り知れるものではないから、ただその尊さを尊み、恐るべきを恐れなければならない……というのである（とすれば、それは頗る複雑で不可解な自然と人間の総体を意味するのかもしれない。「カミ」に対するわれわれの祈りは二つあって、一つはどうか幸せになりますように……という祈りであり、もう一つはこうした不幸なことが二度と起きませんように……という祈りだ）。

宣長のいう「迦微」や「もののあわれ」を外国の人に理解して貰《もら》うのは、容易なことではないだろう。だが胸の中だけでも、

――日本人とは「もののあわれ」を知る国民である。

そう呟《つぶや》いてみると、体の奥底から静かな自信が湧いて来る気がする。

これから対外的にさまざまな困難に遭遇した時には、浄土教信者の「南無阿弥陀仏《なむあみだぶつ》」や日蓮宗信者の「南無妙法蓮華経」のように、心中で「もののあわれ、もののあわれ」と繰り返し唱えるのがよいのではなかろうか。

第六章◉明治天皇

輔弼者への強い信任

明治天皇が崩御された時、それを伝えた海外二十八箇国の報道や反響を集めて編纂《へんさん》された『世界における明治天皇』という本がある。上下二巻で計千五百頁《ページ》に及ぶ浩瀚《こうかん》な書物で、翻訳して編んだのは山梨県選出の衆議院議員を七期務めた憲政党の政治家であり、英文通信社を創立したジャーナリストでもある望月小太郎という人物だ。

以下紹介するのは何《いず》れも世界各国の元首の弔詞や新聞各紙の論評（訳文は文語文）の核心の部分を要約して現代文にしたものだが、アメリカのタフト大統領はこう弔意を表した。

「先帝陛下は非凡な統治者であった。政治における陛下の天才は、将軍、提督、または政治家の任用に示され、彼等は悉《ことごと》く日本国民のために光栄を齎《もたら》した」

これを裏付けるかのように、ニューヨーク・トリビューン紙はいう。

「日本先帝陛下の業績は、近代世界のどの大帝王にも劣らない。それは陛下自身よりも寧《むし》ろ輔弼《ほひつ》した元老の功績に帰すべきことかも知れないが、陛下はその輔弼者の選任に欠くべからざる才幹を有し、かつ一旦価値を認めて選ばれた輔弼者に対する信任は、終始不変のものであった」

ニューヨーク・タイムズの意見はこうだ。

「偉大な目的を有する日本の改革が、一に先帝陛下の治世中に鼓舞されたという単純明白な事実によって、陛下が英明有為の君主であったことは疑いを容《い》れない。陛下が十六歳で即位した当時の日本は、薔薇《ばら》戦争（王位を争った封建貴族間の内乱）時代の英国よりも弱体化した状態だったが、今や世界強国間に並立する地位にまで勃興した」

更にニューヨークのイーグル紙はこう語る。

「不思議なことに日本人は、自らの政治家または軍人としての功績を、天皇の御稜威《みいつ》に帰する。東郷提督は対馬海峡における全勝を、先帝陛下の御威徳なりと公言し、乃木大将もまた旅順の露軍陣地を攻めた兵士を感奮興起させたのは陛下なりといい、黒木大将は鴨緑江《おうりよくこう》の横断を、大山大将も奉天の戦勝を、陛下の御稜威に帰した。

西洋人はかかる日本人の天皇に対する敬仰心の極端な表明を、概《おおむ》ね嘲笑か冷笑で捉え、これが単に封建時代よりの礼式ではなく、他に類のない国民的特性であることに気づかない。日本において元首は超人格的な存在であり、国家的進歩は一に元首による、というのは、社会のあらゆる階級に共通する認識であった」

驚かずにいられないのは、日露戦争に敗れたロシア帝政末期の記者の「天皇」に関する知識の確かさと好意的な見方だ。ペテルブルクとモスクワの各紙は次のように述べる。

「封建時代、将軍と大名は天皇の御名を借りて恣《ほしいまま》に行動したが、形影でしかなかった天皇は質素な生活ぶりで、宮居は雨漏りを防ぎ兼ねることがあり、皇族は生活に窮して商人より借金することも度々であった。わが国の研究者には『ミカド』は唯《ただ》君臨するのみで統治する権力を有せず、その業績に見るべきものはない、とする者がいるが、先帝陛下が時代の精神を会得して改革の時期を選定し、有用の人材を登用して改革を成し遂げた傑出せる帝王であったことに疑いはない」

「幕府の政権奉還以後、旧日本の独裁主義は滅びた。この滅亡を目撃した先帝は、ご自身の権力を制限して、国家の権力を拡大し、新たな発展のために衆議制度を採用した。寡頭《かとう》政治より専制政治を経て立憲政治に到る。これが日本が主宰者と共に経過した経路である。日本は短日月を以《もっ》てよく他国が数十年を要した変遷を経過した。日本は即ち日本式文明を創建したのである」

「日本中興の偉大な事業を達成した大久保、伊藤を主とした進歩派と、『ミカド』一人の事業を区別するのは困難だ。だがこれだけは断言できよう。先帝陛下の英才と見識がなければ、日本国の刷新は数十年以上遅延したに相違ない。

今や対等の一員として先進文明国の仲間入りを果した日本帝国は、決して全ヨーロッパの平和を脅かすものではなく、新たな創造者として世界の平和場裡《じょうり》に現れた。日本における立憲君主の先帝陛下は、文化及び経済の自由なる発展という平和的基礎の上に、日本帝国を確立したといってよく、われわれが陛下の英明を長く歴史に止《とど》めようとする所以《ゆえん》は、まさにこの点に存するのである」

前年に起った辛亥《しんがい》革命で清朝を倒し、この年の一月に誕生した中華民国の北京・国光新聞も、明治天皇に対して称賛と哀悼の辞を惜しまない。

「一世の英雄にして、三つの島からなる国家を、世界第一等の舞台に導いた日本天皇は、蜻蛉《とんぼ》のような国土、龍虎《りゆうこ》のような国運、五千万の大和民族を後に残して、忽然《こつぜん》と去って行った。記者は追悼の念鬱勃《うつぼつ》として止《や》む能《あた》わず、国人に代って弔辞を述べる。

貴日本天皇ありて後、開港の潮音は鎖国の甘夢を驚醒し、倒幕の壮劇は、我が国億兆の革命の決心を引き起した。今我が国人は皆主権を有する国民であり、吾人が述べるのは政府に非《あら》ず国人の弔意であって、中華民国の意思を代表するものである。一衣帯水にして文字を同じくする国の元首が龍に乗じ去ってまた復《かえ》らずという。どうして同情を表し声を同じくして哭《な》かずにおられようか。願わくば東隣の兄弟よ之《これ》を鑒《かがみ》とせよ」

また北京の中国日報は、次のような考察を披露する。

「或る人はいう。吾が国が革命によって民主共和国になったことに、日本は影響を被らずにいられないであろうと。この説は当っていない。日本の天皇は独り政治上の元首のみならず、全国社会宗教上の主宰で、尊崇の念は国民の祖先から受け継がれたものであり、その中に蓋《けだ》し人情事理があって、政治論だけで之を概括することは出来ない。之に由り是《これ》を観《み》れば、将来地球上の万国が民主共和国になろうとも、日本の君主政体は必ずや尚永遠に東洋の三島に独立して残るであろう。感嘆すべきことではないか」

今からすればまるで牧歌的とでもいいたくなるような論評だが、海外の新聞の多くが「偉大な君主の死」と報じた明治天皇の崩御直後の世界には、そのような風潮もあったのだ。

『五箇条の御誓文』の制定経過

明治天皇の業績を伝える海外各紙の多くは、登用した有用の人材と輔弼の任に当った元老の力量を高く評価しているが、その最初の好例とおもわれるのが、慶応三年に満十四歳で践祚《せんそ》した翌年、明治新政府の根本方針を内外に宣明した『五箇条の御誓文』の制定経過である。

福井藩の顧問に招かれた幕末の開国通商論者横井小楠《よこいしょうなん》（熊本藩士）に学んだ参与由《ゆ》利公正《りきみまさ》が起草した「議事之体大意」という題の素案は「一、庶民志を遂げ、人心をして倦《う》まざらしむるを欲す」「一、士民心を一にし盛んに経綸《けいりん》を行うを要す」「一、智識《ちしき》を世界に求め、広く皇基を振起すべし」「一、貢士期限を以て賢才に譲るべし」「一、万機公論に決し、私に論ずるなかれ」の五条であった。

これに土佐藩の家老であった制度取調参与の福岡孝弟《ふくおかたかちか》が筆を加えて構成を変え、最初の一条を「列侯会議を興し万機公論に決すべし」とし、題名を「盟約」としたが、それでは列侯会盟の意味合いが強すぎるという反論が出て、決定には到らなかった。

そして最終的にまとめ上げたのが、長州藩の藩医の家に生まれ、幕末には剣豪桂小五郎として知られた総裁局顧問の木戸孝允《きどたかよし》である（総裁とは明治政府最初の官制で万機を統括する役職で、初代は有栖川宮熾仁《ありすがわのみやたるひと》親王であり、前出の参与は総裁と議定に次ぐ高官）。

かれは福岡案第一条の「列侯会議を興し」を「広く会議を興し」と直し、由利案と福岡案に共通していた貢士（下局の役人）は期限を以て賢才に譲るべしとの条項を削除して、新たに「旧来の陋習《ろうしゅう》を破り天地の公道に基づくべし」という条文を盛り込み、更に副総裁三条実美がかれの考えを聞いて題を「誓」とした。

この題名が「誓文」「御誓文」と呼ばれるようになって、「広く会議を興し、万機公論に決すべし」「上下心を一にして、盛んに経綸を行うべし」「官武一途庶民に至る迄《まで》、各其《その》志を遂げ、人心をして倦《うま》ざらしめん事を要す」「旧来の陋習を破り、天地の公道に基くべし」「智識を世界に求め、大いに皇基を振起すべし」という『五箇条の御誓文』が誕生したのである。

この制定の経過を見れば、わが国が存亡の危機に面した幕末の厳しい海外情勢の中で、明治新政府に結集した武士階級の俊英の国際的な視野の広さと見識の高さに、つくづく感じ入らずにはいられない。

御誓文という言葉がどういう意味かといえば、天皇が公卿と諸侯と百官を率いて、紫《し》宸殿《しんでん》（内裏正殿）に祀《まつ》った「天神地祇《てんしんちぎ》」（天地の神々）に誓い、当日出仕した者と後日参内した者を合せて七百六十七人が署名した文書であったからだ（この形式は木戸孝允が発案した）。

現在の目で見ても、民主主義の普遍的な原理と、わが国独自の君民共和制を両立させた基本法として、簡にして要を得ており、その文体に漲《みなぎ》る品格は、天と地のありとあらゆる神々に誓うという敬虔《けいけん》な精神から生じたものとおもわれる。

西郷隆盛、大久保利通と並んで維新の三傑と称される木戸孝允は、版籍奉還と廃藩置県の大改革を断行し、その直後から始められた岩倉使節団の二年に近い長期に渉《わた》る米欧視察旅行に加わって、極めて詳細に見聞した先進諸国の政治を鑑《かがみ》とし、立憲政体の樹立、三権分立、二院制議会の実現に全力を傾けたが、西郷が反旗を翻した西南の役のさなかに、持病（恐らく胃癌《いがん》）が急速に悪化し、四十三歳で世を去った。

明治の初頭において最も開明的であった木戸孝允の政治活動の核心は、わが国の国風の根本精神を決定した『五箇条の御誓文』の制定にあったといっていいのではなかろうか。

日清、日露の両戦争に反対した天皇

明治天皇は、日清戦争と日露戦争の開戦に反対であった。その経緯が『明治天皇紀』の第八巻と第十巻に明瞭に叙述されている。

『明治天皇紀』は、大正天皇の命により大正三年から宮内省内の編修局で作業が開始され、基本の方針をめぐって二度編修官長が代った後、三代目の長となった東京帝国大学名誉教授三上参次が仕上げた本紀二百五十巻と画巻一巻が、昭和八年に昭和天皇に奉呈されながら、長い間実現せずにいた公刊が、政府主催の明治百年記念事業の一環として昭和四十三年に始まり、九年後に全十二巻と索引一巻となって完結したものだ。

昭和八年に天皇に奉呈する前、編修局総裁の金子堅太郎が内容について上奏した意見と、それに対して示された昭和天皇のお考えが、元老西園寺公望公爵の秘書であった原田熊雄が述べた『西園寺公と政局』に、こう記されている。

金子堅太郎（子爵）は内奏のさい、日清日露の戦役がいよいよ起る前までは、明治天皇が開戦にあまり賛成でなく、寧《むし》ろ平和裡に解決したい思《おぼ》し召しが強かったことについて、「こういうことを今日御年代記に書くことは面白くございませんから」という理由で、明治天皇紀から省きたい、と奏上した。

昭和八年は二年前に満州事変が勃発し、日本軍の満州撤退案を可決した国際連盟からわが国が脱退して、軍事的な緊張が急速に高まった年である。

金子総裁の内奏を聴かれた後、昭和天皇は鈴木貫太郎侍従長を呼んで、「金子が今日省こうといっている、明治天皇が戦争になることをお好みにならず平和裡に解決したいという思し召しこそ、天皇の平和愛好の御精神が現れていて、これこそ後世に伝うべきであり、寧ろ御年代記の中に特に書き入れた方がいいんじゃないかとおもうが、どうか」と尋ねられ、侍従長がその旨を宮内大臣に伝えて、明治天皇が開戦に反対し平和的解決を望んでおられたという記述が『明治天皇紀』に残される結果になったのだった。公刊が長く実現しなかったのは、このことに関係があったのかもしれない。

明治二十七年八月一日に始まる日清戦争への反対は、七月十二日の条に現れる。開戦論者の伯爵松方正義が、内閣総理大臣伊藤博文のもとへやって来て、清国が朝鮮国の独立を妨害していることは明らかであり、世論は沸騰して、このまま空《むな》しく時を過ごすならば世論の紛擾《ふんじょう》は抑えられず、外国の干渉なきも期し難い、もし無為にして兵を撤するならば外に国威を失墜し、人心もまた離散するであろう、今日この言が聞かれないならば、もう二度と相見《まみ》えることはない……と激しく迫ったのに対し、伊藤博文はその申

し条を諒《りょう》としながらも、即時開戦には頷《うなず》かなかった。原文を新字新仮名にして示せば、

「蓋し当時松方正義は野に在り、伊藤博文は台閣の首班に在り、其の責任自《おのずか》ら異なり、且つ天皇は、日清親善と東洋の平和を軫念《しんねん》したまうこと最も切なるのみならず、清国と事を構えて、第三国に乗ぜしむるの機会を与えんことを憂慮したまい、容易に開戦を裁断したまわず、博文の一層慎重熟慮する所以なり」

というのである。

しかし八月一日、清国への宣戦が天皇の名で布告された後、宮内大臣土方久元が御前に出て、伊勢神宮と先帝の御陵に開戦を奉告する勅使の人選についてお伺いを立てると、

「その儀には及ばぬ。今回の戦争は朕もとより不本意であったのに、閣臣らがどうしても戦わざるを得ないというので許しただけだ。それなのに朕がどうして神宮と先帝陵に奉告できるか」

という答えで、愕然《がくぜん》とした久元が、

「先に宣戦の詔勅を裁可あられて、今においてかかるご沙汰があるのは、過《あやま》りたまうことなきや」

そう極諫《きょっかん》すると、

「再びそれをいう勿《なか》れ。もう二度と汝《なんじ》の顔は見たくない」

と逆鱗《げきりん》に触れてしまった。

恐懼《きょうく》して退出し、官邸に帰った久元は、宣戦の詔勅は中外に公布せられ、陸海軍は既に出征の途に上り、戦局の将来は実に憂慮に堪えず、然《しか》るにかくの如《ごと》き聖旨を伊藤総理大臣に諮《はか》らんか、事態は更に困難となるべし……と煩悶《はんもん》苦悩して徹宵眠ることができなかった。

だが翌日の早朝、侍従長徳大寺実則《とくだいじさねつね》がやって来て、速やかに勅使の人選を行なって奉呈せよ、との聖旨を伝えた。急遽《きゅうきょ》参内して御前に伺候すると、天皇の表情は昨日とは打って変って穏やかになっており、奏上した人選も即座に認められたので、久元は感涙に噎《むせ》びつつ退出した。恐らく東洋の平和を軫念し、何よりその身の上を案ずる兵士を死なせたくないという気持と、戦が始まったからには勝って凱旋《がいせん》させたいというおもいが輻輳《ふくそう》して、この一連の出来事となったのであろう。

戦端が開かれる前は、「眠れる獅子《しし》」の清国に、渺《びょう》たる島国の日本が勝てる筈《はず》がない、というのが海外諸国の大方の予想で、ドナルド・キーンによれば「外国のジャーナリズムは、行き届いた訓練と緒戦の戦備では、日本が優位を占めても、それはおそらく出だしだけで、結局最後の勝利を占めるのは清国だろうという見解で、ほとんど足並がそろっていた」という。そして日本がかなり勝ち進んで行った後でも、ある極東通の記者は「私は自信をもって言うが、もし両国が、長い消耗戦争をしまいまで戦い抜くということになれば、最後に勝利をおさめるのは、やはり清国であろう」と書いていた。明治天皇が開戦に反対したのは、こうした予測も視野に入れてのことであったのかもしれない。

実際は七箇月の戦いで日本が勝利を収め、清国の全権大使李鴻章《りこうしょう》と下関で講和条約を結んだ後、明治天皇は現代文に近づけて要約すれば次のような詔書を発せられた。

「朕は今回の戦捷《せんしょう》によって帝国の光輝を発揚せしことを喜ぶと共に、大日本帝国の前途の悠遠を願って、汝有衆と共に努めて驕慢《きょうまん》を戒め、謙虚を旨とし、益々《ますます》武備を修めて武を瀆《けが》すことなく、益々文教を振興して文に泥《なず》むことなく、上下一致各々其の事を勉め其の業に励んで、以て永遠富強の基礎を成さんことを望む。もしそれ勝に狃《な》れて自ら驕《おご》り、妄《みだ》りに他を侮り、信を友邦に失うが如きは、朕が断じて取らざる所なり、即《すなわ》ち清国に対しては、講和条約批准の後はその友好を復し、以て善隣の誼《よしみ》愈々《いよいよ》敦厚《とんこう》なるを期すべし。汝有衆それよく朕が意を体せよ」

しかし、これより後に日露戦争に予想外の大勝利を博してから、昭和以降のわが国の軍部官僚に「勝に狃れて自ら驕り、妄りに他を侮る」風潮が生じたのは、当時を知る人の多くの目に明らかであろう。

後年の日本は明治天皇の願いから大きく懸け離れた方向へと向って行ったのである。

講和の契機となった天皇の歌

日露戦争の開戦に深く御心を痛められていたことは、『明治天皇紀』の明治三十七年二月四日の条に現れる。

内閣が決定した対露交渉の断絶と軍事行動開始の裁断を仰ごうとする御前会議が行なわれるこの日、朝から天皇は「軫念措《お》く能《あた》わず」、午前十時三十分に信任厚い伊藤博文を内廷に召して予《あらかじ》めその意見を徴した後、午後二時二十五分に御座所内の会議に臨まれた。

出席者は枢密院議長伊藤博文、元帥山県有朋《やまがたありとも》、元帥大山巌《おおやまいわお》、伯爵松方正義、伯爵井上馨《いのうえかおる》、それに病で欠席した内閣総理大臣桂太郎に代って首相代理を務める海軍大臣山本権兵衛、大蔵大臣曾祢荒助、外務大臣小村寿太郎、陸軍大臣寺内正毅《てらうちまさたけ》。

二時間余の会議の末、伊藤博文がこう奏上した。

「日露交渉に関する事件につき、深思熟慮の後今日の状勢他に執るべきの途なしと信じ、内閣上奏の意見を御裁可なされるの外なきことに一致し、ここに謹みて伏奏す」

それを裁可した天皇は、夕刻に内廷に入ると、左右の近臣を見回して、

「今回の戦は朕の志ではない。然れども事既にここに至り、これを如何《いかん》ともし難い」

と告げられた後、独り言のように言葉を継いだ。

「事万一蹉跌《さてつ》した時には、朕何を以てか祖宗に謝し、臣民に相対することができよう」

そう語る天皇の頬には涙が滂沱《ぼうだ》と伝って、一座はただ暗然とするしかなかった。その

後の様子は原文を新字新仮名にして伝えよう。

「是れより天皇、宸衷《しんちゅう》を悩ましたまうこと殊に甚だしく、夜々寝に入りたまうも、眠り安らかなる能わず、朝夕の御膳もまた多く旨味を覚えたまわず、日を経て頗《すこぶ》る健康を害《そこな》いたまうに至るという」

開戦当初の天皇の苦悩と平和愛好心を最もよく示した歌が、あの「よもの海みなはらからと思ふ世に　など波風のたちさわぐらむ」である。

日露開戦の翌年の初め、東京帝国大学の英文学講師アーサー・ロイドが、この歌を含む明治天皇の十四首の御製と、皇后を始め皇族方の御歌計百四十六首の歌を英訳した本を刊行し、世界各国の元首に贈った。

中でも反ロシアの立場から親日の意識を持っていたアメリカ大統領セオドア・ルーズヴェルトが、「よもの海」の歌に共鳴したことが一つの契機となり、日露両国の代表によるアメリカ北東部ニューハンプシャー州の軍港ポーツマスでの会合を斡旋《あっせん》して、講和条約の調停役を務め、その成功によってノーベル平和賞を受賞した。天皇の和歌が多くの外交手段に加えて頗る効果的な働きをしたのである。

「をさめしる八島《やしま》の国の外までも　静かなる世をわが祈るかな」というのは、天皇が日露開戦の一年前に世界の平和を祈った歌で、明治神宮編の凡《おおよ》そ一万四千首の御製と御歌を収めた『類纂《るいさん》　新輯《しんしゅう》　明治天皇御集』を繙《ひもと》けば、自国のみならず四海の平安を祈る歌の数は三十首に近い。

ドナルド・キーンは上下二巻の大著『明治天皇』の終章において「天皇の勅語に、繰り返し登場する主題が一つある。それがあまりに度々なので、これこそ天皇の最も深い信念の表現に違いないと考える誘惑に駆られることがある。それは、平和への願いである」と述べた。

明治天皇は卓越した君主であって、また史上稀《まれ》に見る程多くの歌を作られた歌人であった。御全集として謹写され保存されている御製の数は凡そ十万首に上るといわれる。毎日五首ずつ詠んでも半世紀以上を要する数だ。

これまで読んだ中で、特に強い感銘を受けた歌を挙げれば次の二首になる。第一は日露戦争の初年の年の瀬に詠まれたとおもわれる「あさみどり澄みわたりたる大空の　広きをおのが心ともがな」である。

わが国の天皇は長く政治と軍事の実務とは無縁のところで、天地の神々と祖宗の神霊に、邦家と万民の安寧を祈念して生きて来られた。ヨーロッパで最も君主の大権を重んじた軍国プロイセン（ドイツ帝国の中核をなした王国）に範を取って制定された大日本帝国憲法は、天皇に政治の統治権と軍事の統帥権を条文の字句上で帰属させたが、もともと私心というものを全く持たないがゆえに国民にとって超越的な存在であった明治天皇の、この上なく澄み切った象徴的な権威がなければ、わが国が初めて西洋の強大な軍事力と戦った日露戦争で勝利を収めることは難しかったろう。

日露戦争は世界最強の陸軍国で欧州最大のバルチック艦隊を持つ帝政ロシアの南下侵略の極東戦略に対する、軍事力においても国力においても比較にならない小国日本の、一国の運命を懸けた決死の抗戦であった。

そこに国民的な求心力の無比の中心としての明治天皇が存在せず、戦争に敗れていれば、日本という独自の文化と長い伝統を持つ国は、その時点で地球上から消滅したに相違ない。

感銘を受けた二首目は、日露戦争の勝利を外国の君主たちが世界史に匹敵するものがないと称賛した時期に、「むかしよりためしまれなる戦に　おほくの人をうしなひしかな」と沈痛な調子で顧みられた歌で、これによって日清日露の開戦に反対した重要な理由の一つが、兵士の生命を案じられたことにあったものと察せられるのである。

戦いのさなかにも、

「くにのためたふれし人をおもひつつ　ねたるその夜のゆめにみしかな」

「はからずも夜をふかしけりくにのため　いのちをすてし人をかぞへて」

「たたかひに身をすつる人多きかな　老いたる親を家にのこして」

「年へなば国のちからとなりぬべき　人をおほくも失ひにけり」

と、戦死者におもいを馳せる歌を詠まれ、傷病兵の苦しみを案ずる歌を合せると、その数は三十首以上に上る。

国家の元首にして生ける象徴

明治神宮の平成二十六年正月三箇日の参詣者数は約三百十六万人で、例年通り日本中の社寺の首位を占めた。

明治神宮の祭神は、明治天皇と昭憲皇太后であるが、初詣でに続々と集まって来る若者の中に、両陛下についてある程度知る人がどれくらいいるだろう。ひょっとすると祭神が誰なのか、どんな存在なのかを知らない人が、若者のかなりの部分を占めるかもしれない。

明治天皇とは端的にいって如何《いか》なる存在であったのか――。戦後に生れ育った人にも解《わか》り易《やす》いであろう定義として、前掲の書から更に英仏二紙の意見を紹介したい（傍点は引用者）。

英紙「モーニング・ポスト」はいう。

「陛下の最も重要な職務は、国家の元首であると共に、国民生活と国民感情の生きた象徴であることだった」

仏紙「コレスポンダン」はいう。

「天皇の主要な事業は、国家の元首であること、そして国民的生活および国民的感情の生ける象徴であることで、陛下はそれを見事に達成した」

英仏の両紙とも論旨が同じだ。この本には下巻に英仏独三箇国の報道と評言の原文も載っているのだが、傍点を付した部分が英語では「the living symbol」、仏語では「le vivant symbole」となっている。

わが国の多くの人は、「日本国憲法」の第一条「天皇は、日本国の象徴であり日本国民統合の象徴であって、この地位は、主権の存する日本国民の総意に基く」の条項に初めて「象徴」という言葉が出て来たようにおもっているけれど、英仏の有識者は、この頃から既に「元首」であって「象徴」であるところに、明治天皇の本質があると見ていたのだ。

明治天皇と皇后を祀る明治神宮の外見上最大の特徴は、東京の都心に七十万平方メートルの広大な面積を占めて鬱蒼《うっそう》と生い茂る森であるが、大抵の人はあれを昔の武蔵野の面影を今に伝える自然林とおもい込んでいるのではなかろうか。実はそうではなくて、もともと代々木練兵場の一部を含むこの地の大半は、乾燥地と低湿地の多い荒蕪《こうぶ》の土地であった。神社林に多い杉は、暖帯の適度に潤って水通しのいい渓谷地に生えるものなので、ここには適しない。

そこで明治神宮の敷地に決まった時、調査に当った林学の専門家は、樫《かし》、椎《しい》、樟《くすのき》などの常緑闊葉樹《かつようじゅ》を主林木に決め、それに松、檜《ひのき》、椹《さわら》などの針葉樹、及び若干の落葉針葉樹を加えて、第一期の造林計画を立てた。

これに対し、神社奉祀調査会の初代会長であった内務大臣大隈重信から「伊勢神宮や日光の杉並木のような雄大で荘厳な景観が望ましい。藪《やぶ》のような雑木林では神社らしくない」という強力な反対意見が出た。

だが東京帝国大学農科大学教授の本多静六が、樹幹解析法で得た樹齢、樹高、直径などの平均値を示す図面を基に、東京と日光のスギを比較し、東京の風土がスギには向いていないことを詳細に力説して、大隈を説得した。

もし神宮の森が、大隈侯の意見に従って「スギやヒノキのみでつくられていたら、どんなみじめな状態になったか、想像するだけで空恐ろしい気がします」と、明治神宮の技師中井澤秀明が『「明治神宮の森」の秘密』に書いている。

明治天皇が明治四十五年七月三十日に五十九歳で崩御され、日本中が悲嘆に暮れた時、墓所は「是非東京に……」という市民の声が広く起ったが、かねて「陵は必ず桃山に営むべし」と示されていた御遺志に添い、陵所は既に京都の伏見桃山に決定していたので、「それならば、神霊をお祀りして御聖徳を偲《しの》ぶ神宮の造営を」という切望に応え、政府は明治神宮を代々木の地に創建する準備に着手し、大正三年四月九日に崩御された昭憲皇太后も、ご一緒に祀られることになった。

林苑造成には大量の樹木が必要だが、造営の計画を進める神社奉祀調査会は、最初から「樹木は一般国民の献進を仰ぐ」ことに決めていて、樹木購入の予算は計上されなかった。

呼掛けに応じて全国各地から献木の希望が挙《こぞ》って寄せられた中から、造成計画に沿うものとして受け入れられた本数は、十万本近くに達し、日本の樹林に存在する殆《ほとん》どの樹種を網羅するものになったが、中でも多かったのは、松、檜、槻、樫、椎、樟、犬黄楊《いぬつげ》、榊《さかき》などであった。

それに加え全国から参加した延べ十万人以上の勤労奉仕によって、大正九年に林苑内の植栽工事がほぼ終了し、東京に新しい鎮守の森が誕生した。

わが国の古代において、天然の「杜《もり》」と「神社《もり》」は同音同義の言葉（つまり同じもの）であったが、近代においては科学知識と国民の協力によって、それまでの荒蕪地に七十万平方メートルもの広大な杜が、全く新たに生み出された。明治神宮の森は、武蔵野の自然林ではなく、日本中からの献木と勤労奉仕によって造り上げられた人工の杜であったのだ。国民の無償の奉仕によって生れた新たな杜は、金銭に換算しようとしても到底しきれない程厖大《ぼうだい》な価値を持つものといえよう。

誕生から九十年以上経《た》った今、神宮の森は天然林であるという人もいるが、しかし「本当の天然林になるにはあと二〇〇年はかかる」と考える中井澤秀明技師はこう告げる。

「まだまだこの森は、人でいえば、幼稚園程度なのです」「筆者は伊勢神宮に行き、森を見るのを大きな楽しみにしています。数百年を生きたスギやクスが見られ、明治神宮の森の将来が予想されるからです」

ここにも「永遠」という観念が生きている。時が経てば経つ程ますます古く、ますます新しい。神宮の森が、やがて太古そのままの姿になるならば、そこに息づく無数の生命と共に、明治天皇も永遠に生き続けるだろう。

神宮の森と皇居のない東京を想像してみて頂きたい。そこは如何にわが国ならではの特色と個性に乏しい街であるか。

更にいえば、伊勢神宮のない日本を想像してみて頂きたい。遷宮制度を創始した天武天皇がいなければ、伊勢神宮は古代の姿をそのまま今に伝えてはおらず、書き言葉としての和語を創り上げて、日本文学の礎を築いた最古の古典『古事記』も生れていない。

聖徳太子がいなければ、世界最古の木造建築である法隆寺は存在せず、聖武天皇がいなければ、世界最大の鋳造仏である東大寺の大仏も、世界最大の木造建築である大仏殿も存在しない。寺院と仏像のない奈良と京都を想像してみて頂きたい。

明治天皇の無形の統率力が勝利の重要な要因であった、日露戦争に敗れていたら、知識階級はロシア語で読み書きし、倭語しか話せない大方の庶民には出世の希望も夢もまるでない二重言語の階級社会＝格差社会になっていただろう。天皇がいなければ、日本という長い独自の伝統と文化を持つ国は、まずこの世に存在しないのである。

第七章◉津田左右吉

国民が知らない秘密の法廷

　帝国海軍の真珠湾攻撃が開始される直前の昭和十六年十一月一日午前十一時——。早稲田大学文学部教授であった津田左右吉《つだそうきち》と、出版業岩波茂雄を被告とする裁判が、東京刑事地方裁判所の第四号法廷で開かれた。

　中西要一裁判長は、二人の被告人の人定質問を終えた後、法廷にこう告げた。

「本件の審理は安寧秩序を害する虞《おそ》れありと認めまして、審理の公開を停止します。傍聴の方は退場」

　こうして裁判は、国民の誰も知り得ない所で、完全な秘密裡《ひみつり》に行なわれることになった。

　この時津田左右吉と岩波茂雄が置かれた立場がどれほど恐ろしいものであったか、当時を知る人に説明は不要だし、知らない人には幾ら説明しても実感はして貰《もら》えないだろう。

津田左右吉はよく「不敬罪」で告訴されたといわれるが、そうではない。岩波書店から刊行された『神代史の研究』『古事記及び日本書紀の研究』ほか二冊の著書が「皇室の尊厳を冒瀆《ぼうとく》する文書」の刊行を禁ずる「出版法」違反の容疑で法廷に立たされたのである。

取り締まる法律は違っても事の重大さに変りはない。天皇を現人神《あらひとがみ》と仰ぐ風潮が世を覆っていた当時、その尊厳を冒瀆することは、容疑をかけられただけでも「国賊」と見《み》做《な》される危険な行為であった。

だが、津田と岩波にとってそれは誠に心外なことだった。検事の公訴事実の陳述が終った後、裁判長の問いに答えて、津田は「今引用された箇所だけでは著書の真意が伝わらず、いろいろ下された判断も殆《ほとん》ど全部私自身の考えとは違っている」と語り、岩波は「私は皇室への尊敬において人後に落ちず、津田先生は人格、学識、良心ともに世界に誇れる立派な学者で、皇室の尊厳を冒瀆したといわれるのは理解できない」と述べた。

三日後に行なわれた第二回公判は、凡《おおよ》そ四時間にわたった審理の大半が、津田の一方的な陳述というか、微に入り細を穿《うが》って綿密を極めた自らの学説の講義であった。

戦後この事件の記録を書こうとして訪ねた史学者大久保利謙《おおくぼとしあき》に、津田はこう語った。

「あの事件は甚だ誤解されている。世間でいうような官憲の弾圧ではなかった。裁判所では学問の性質と研究法と問題にせられた事柄について、出来るだけ丁寧に説明したので、自分としては教師が学生に説明するような気持でいた。世間では私が法廷で闘ったようにいっているが、それは誤りである」

本人としては傍聴禁止の法廷を、検事と裁判官に講義を行なう教室のようにおもっていたらしい。二十一回にわたった公判の厖大《ぼうだい》な記録の頁を追って行くと、それが当人としては特に虚勢ではない実直な感想であったらしいことが、ありありと伝わって来る。その核心部分を要約して紹介すれば——。

神代史は歴史的事件の記録ではない。天上に国土がある筈《はず》はなく、天から人が降りて来る筈もないから、これは説話である。説話として初めて、記事に籠《こ》められた精神が生きて来るのに、歴史的事件の記録とすれば、古事記の精神を破壊してしまうことになる。

例えば天孫民族が海外から渡来して、出雲民族を征服したというような、歴史的事件が神代史に現れているとすれば、日本は征服国家ということになるが、真実はそうではない。従来の学者が殺した古典を、私は生かしたのであり、尊厳なる国体、わが皇室の御地位が、学問的真実を明らかにすることによって、ますます強固になる、とそう考えたのである……。

証人として出廷した東京帝国大学文学部教授和辻哲郎は、凡そ次のように述べた。

一言でいうと津田さんの研究は、原典批判の方法で記紀の史料としての性質や意義を考察したものであり、日本の上代の歴史を積極的に叙述しようとする企てではない。これらは余程考証の綿密な書物だから、やはり原典を側に置いて丹念に検討しながら読むべきものとおもう。

皇室の尊厳を冒瀆するとか不敬にわたると感じたことは一度もない。かえって皇室に対する尊崇を増すくらいで、皇室の尊厳の根拠を学問的に明らかにし、どんな合理的な議論に対しても、びくともしない学説の基礎を立てているのは、大変よいことだと感じた……。

そして「これらの書物を大学生、高等学校生徒、中学校の上級生徒に読ませて悪影響はないか」という弁護人の質問にはこう答えた。

「高等学校の生徒あたりではよく解《わか》らない非常に小面倒な学説で、ただ読んだだけでは面白くないから愛読者はいないとおもう」

和辻が（旧制の）高校生程度では解らないとした程難しい津田の著書に、当時のわが国の裁判所は一体どのような判断を下したのであろうか。

天皇は「巫祝」で精神的指導者

公判に入る前、非公開の予審で重大な問題点とされた中に、畏《かしこ》くも現人神に在す天皇の地位を「巫祝《ふしゆく》に由来せるもの」の如《ごと》き講説を立てたということがあった。津田の著書には天皇の宗教的地位を説明するのに「巫祝」という言葉が遣われていた。

この点について津田は上申書で、祭祀呪術と政治が分離する以前、神を祭って神と人の媒介者を務める巫祝は、全部族もしくは全民族の精神的指導者であり、首長であったと述べ、公判では次のように主張した。

巫祝と申したのは日本だけでなく世界的な原始宗教の学術用語として使ったので、英語では「マジシャン」といい、呪術師とも訳されているが、わが国では（『万葉集』の山上憶良《やまのうえのおくら》の歌にも出て来る）「巫祝」という古典的な語感のある言葉の方がよいと考えて、それを用いた。わが国の天皇をもそう申して差支えないとおもうのは、決して悪い意味でなく、またそれよりよい術語が他にないからであります……。

中に十二月八日の大東亜戦争勃発という大事件を挟み、年の暮れに近づいた二十三日の法廷で、検事の論告が行なわれた。
（一）被告人津田が、記紀の資料になった帝紀には仲哀天皇以前の分に信用すべき記録がなく、従ってそこまでの記事は編者が皇室の起源及び由来を説明するため、歴史的事実らしく編述した物語であるとしたこと。
（二）皇孫ニニギノミコトの地上降臨と、オホナムチノミコトの国土奉献は、歴史的事実にあらず、皇室の統治権と御権威を説明せんがため述作された物語であるとしたこと。

（三）畏くも皇祖神天照大神を、神代史作者が観念上に作為し奉った神としたこと。

（四）皇祖天照大神が皇孫ニニギノミコトに下し給うた神勅を始め、皇極天皇以前の詔勅は尽《ことごと》く後人の述作であるとしたこと。

（五）天皇の神性は、皇祖の神裔《しんえい》に在すところにあらせられるのに、それが巫祝に由来するが如き講説を敢《あ》えてなせしこと。

以上の記述が、皇位の神聖を害し、皇室の尊厳を冒瀆するものであることは明らかであるとして、検事は被告人津田に対し、各著書につきそれぞれ禁錮二月、罰金百円（合計禁錮八月及び罰金四百円）、被告人岩波に対し、各著書につきそれぞれ禁錮一月及び罰金百円（合計禁錮四月及び四百円）を求刑した。

第一審の判決が下ったのは、翌昭和十七年五月二十一日で、厖大な判決主文の結論だけいえば、検事論告中の（一）の部分だけが有罪とされ、津田は禁錮三月、岩波は禁錮二月、共に執行猶予二年の刑が言い渡された。

問題の「巫祝」に関して無罪とした理由を紹介すれば「遠い祭政一致時代において、君主の有した宗教的立場が、天皇の神性の由来をなしたことを語るための言葉で、被告人は全く学術的意義に用いたのであるから、いささか用語の選択において慎重を欠いた嫌いがなきにしも非《あら》ずとはいえ、これをもって皇室の尊厳を冒瀆し奉ったと解する必要はない」というのである。

法廷の外では未曾有の大戦争が始まって、「八紘一宇《はっこういちう》」（世界は一つの家で、他の国々は本家本元のわが国に服《まつろ》うべきであるという考え）の熱狂的な大合唱が巻き起り、「神国日本」のファナティシズムがその極に達していた時代背景を考え合せるなら、これはわが国の良心的な法曹の知性と理性の健在を証明した裁判といってよいであろう。

厖大な判決主文を読むと、難解な津田の著作四冊を、裁判長判事中西要一、判事山下朝一、荒川正三郎が子細に精読した形跡がありありと窺《うかが》われる。

皇室の尊厳を冒瀆したという疑いを持たれただけで国賊と見做された時世に、津田を擁護した和辻哲郎の証言や、東京帝国大学法学部教授南原繁が起草して八十九人の学者が署名した上申書や、京都帝国大学文学部教授天野貞祐《あまのていゆう》の上申書も、裁判所の心証形成に有利に働いたのであろうけれど、法廷の外が大戦争の緒戦の勝利の興奮で沸き立っていた最中に、密室の中でこれほど緻密で冷静な裁判を行なわせた最大の力は、やはり確固たる信念と底知れぬ学殖に基づき、毅然《きぜん》として真摯な口調に終始した津田左右吉の詳細な「講義」にあったと考えてよいのではなかろうか。

津田学は唯物史観に非ず

この裁判に先立つ二年前の秋、東洋史を専門とする津田左右吉が、国粋主義の思想家蓑田胸喜《みのだむねき》が率いる「原理日本社」の激烈な攻撃に曝《さら》されたのは、東京帝大法学部に新設された東洋政治思想史講座に講師として招かれたのがきっかけであった。

東京帝大の法文経二十一番教室で、南原繁教授が講座開設の趣旨を述べ、「その最初の講義に津田先生のような斯学《しがく》の第一人者を迎えることができたのを諸君と共に喜びたい」と紹介して、津田の特別講義が始められた。

それから間もなく原理日本社の機関誌「原理日本」臨時増刊号に、蓑田胸喜は「津田左右吉氏の大逆思想」と題した文章を発表して、次のような攻撃を加えた。

津田氏の神代上代史揑造《ねつぞう》論は、その所論の正否にかかわらず、かけまくも畏き極みであるが、「記紀」の作者と申しまつりて皇室に対し奉りて極悪の不敬行為を敢えてしたものであるのは勿論《もちろん》、皇祖皇宗より第十四代の仲哀天皇までの御歴代の御存在を否認しまつらんとしたもので、これは国史上全く類例のない思想的大逆行為である……。

この論文が載った雑誌が出たのと同じ頃、東大での津田の最終講義が終った直後に、象徴的な事件が起きた。

「これで私の講義を終ります」と津田が軽く頭を下げた途端に、「質問」「質問があります」と教室の各所から手が挙がり、指された一人の演説口調の質問が終ると、次々に別の者が立って、空気が全体に詰問の調子に変って行く。

聴講者の一人として後方の席にいた当時法学部助手の丸山眞男は、講壇の前に飛び出して「質問者たち」にいった。

「今まで聞いていると、学問的な質問ではなくて、津田先生に対する攻撃に終始している。新設された東洋政治思想史の開講を飾るため、これまで他校に出講した例がないのに無理をお願いして来て頂いた先生に、これはあまりにも非礼ではないか」

一瞬教室が静まった隙に、丸山は津田を促して隣の講師控室に導いた。すぐに羽織袴《はかま》の者もまじる十数人が押しかけて来て、質問を続行させて下さい、という。どうされますか、と視線を向けた丸山に、

「講義をした以上、それに対する質問は受けなきゃならんでしょう」

困惑の色を浮べながらも津田はきっぱりといった。「学生協会」（原理日本社が財界などの援助を受けて作った学生組織）のメンバーであることが明らかな質問者たちは、津田の学問と思想が日本の国体に反するものだという糾問と非難の嵐を浴びせかけ、丸山も自分に飛んで来る火の粉を払うような気持に駆られて、しばしば応戦の矢面に立った。そのうち、津田先生の立場は結局唯物史観ではないか、と迫られた時、即座に、

「唯物史観などは学問じゃありませんよ」

と、津田が軽く一蹴した答えとその反応の素早さが、以後も長く丸山の記憶に残った。

何時《いつ》まで経《た》っても埒《らち》が明かないので、丸山は立ち上がって津田の腕をとらえ「先生、こんなファナティックな（私はまさに「ファナティック」という言葉を使った、と丸山

はいう）連中と話しても切りがありません。行きましょう」と、周囲に構わず外へ連れ出した。

戸外は既に真っ暗で、雨が降っていた。研究室から持って来た傘を先生に差し掛け、無言で本郷の通りを歩き、一丁目の停留所に近い「森永」へ入って、店じまいの気配の中で食事をする。俯《うつむ》き加減にフォークを動かしていた津田は呟《つぶや》くようにいった。

「ああいう連中がはびこるとそれこそ日本の皇室はあぶないですね」

やがて日本が戦争に敗れた後にはっきりするのだけれど、津田左右吉は実は皇室に対して、誰にも負けない程熱烈な敬愛の念を抱いていたのである。

世界に類のない二重政体組織

裁判の判決が下った時、執行猶予がついていたから、津田と岩波は服罪してもよかったのだが、起訴理由全部が有罪にならなかったのを不満とした検事側の控訴に対抗して控訴し、出版法の時効の期間が過ぎるまで審理が行なわれなかったので、昭和十九年十一月四日、東京控訴院において「時効完成により免訴」との宣告を受けた。

公判に入る前から早稲田大学教授の職を失っていた戦時下の歳月を、津田は、もし戦争に勝ったりでもしたら、軍の専横や無謀に抑えがきかなくなり、それは日本にとって非常に不幸なことで、負けない限りかれらの横暴は改まらないだろうが、国民として日本の敗戦を希望することも出来ない……という極めて深刻な二律背反に引き裂かれて過ごした。

昭和二十年八月十五日の敗戦によって、津田左右吉攻撃の本拠であった皇国史観は一気に力を失った。津田は今や弾圧の厳しい冬を潜り抜けて、輝かしい解放の春を迎えた時の人である。

翌年一月に創刊された雑誌「世界」の編集部に寄稿を求められた津田は、疎開先の岩手県平泉から、入魂の力作を二回に分けて送り、その前半は「日本歴史の研究に於《お》ける科学的態度」という題で第三号に掲載された。

軍国主義の跳梁《ちょうりょう》に伴い、それと結合して急速に力を獲得し、歴史を政略の具として、思想界に暴威を振るった「固陋《ころう》の思想」「虚偽迷妄の説」が、国民を惑わし、起すべからざる戦争を起させ、且つそれを長引かせる一因となった……と説いて、皇国史観を痛烈に批判したのである。

だが、続く第四号に寄せられた「建国の事情と万世一系の思想」は、編集部の期待に著しく反するものとなった。編集長が平泉まで出かけて行き、結論の部分について再考を求めたが、津田は肯《がえん》じない。

原稿を二度に分けて送ったのが、津田左右吉の周到な作戦であったのに相違ないのは、吉野源三郎著『職業としての編集者』によって克明に解る。最初から一本にまとめていれば、丸ごと没にされるのが確実な後半の内容だったからである。

結局これは「編輯者《へんしゆうしや》」という署名で、自分たちはどうしてこの論文をほぼ原文のまま掲載するにいたったか、という弁明を、八頁にわたって同じ誌上で述べるという異例の形式で発表された。

編集部にとって到底受け入れ難いとおもわれた結論部分の要旨はこうである。

……武力を用いず、政治の実務に関わらない(上代の)天皇にあったのは、宗教的任務である。民衆のために呪術や祭祀を行ない、神と人の媒介をする巫祝であったことが、天皇を「現《あき》つ神」とする淵源となった。

これは天皇が神に代って政治を行なったとか、宗教的対象の神であったということを意味するのではない。天皇が神を祭られる、そのことが何より人であることの明らかなしるしで、呪術や祭祀を行なう地位と任務に対する人びとの尊敬と感謝が、精神的権威のもとであった。

皇室の永続性は、自ら政治の局に当られなかったことと、造作された神代史の中心観念である――皇室の祖先を宗教的意義を有する太陽としての日の神とし、天皇をその天つ日つぎとする宗教的、精神的権威から生れた。

こうして、一方において皇室が永続し、一方において政治の実権を握る者が次々に交替して行くという、世界に類のない二重政体組織の国家形態がわが国には形づくられた。政治の実権を握らなかったために、外国のような王朝の更迭がなく、時の権力者に対して常に弱者の立場にあられたことが皇位を永続させた。

ところが（先進の諸外国が開国と通商を求めて来た）十九世紀の世界情勢は、日本に二重政体組織の存続を許さなくなり、政府は朝廷か幕府かの何《いず》れか一つでなければならなくなった。

この時、天皇親政を唱えて政治の実権を握った藩閥は、天皇の権力を強くして、国民の働きを抑えようとする思想に基づいて憲法を定め、それと共にヨーロッパの一国（プロイセン――私注）に学んだ官僚制度が設けられて、行政の実権が漸次その官僚に移り、幕府と封建諸侯から取り上げた軍事権が全てに優越する地位を占め、皇室は冷厳な儀礼的雰囲気の中に閉ざされて、天皇と国民の間に大きな距離が生れ、国民は皇室に対して親愛の情を抱くよりは、その権力と威厳に服従するよう仕向けられた。

皇祖が天から降った神代の物語を歴史的現実のように説いて、万世一系の皇室を戴く国体の尊厳を教え込み、天皇崇拝の儀式を学校において行なわせたが、それは現代人の知性や思想とは相容《あいい》れぬものであった。その結果として、敗戦後の今日に生れたいわゆる天皇制の廃止論、それと反対にその維持のために民主主義の実現を阻止しようとする思想傾向は、共に実は民主主義をも天皇の本質をも理解せざるものである。

皇室が権力をもって民衆を圧服しようとせられたことは、長い歴史において一度もない。実際の政治上において、本来皇室と民衆は対立するものではなかった。民主主義によって、国民が国家の全てを主宰することになれば、皇室は自《おの》ずから国民の内にあって国民と一体であられることになる。具体的にいうと「国民的結合の中心であり国民的精神の生きた象徴」であられる所に、皇室の存在の意義があることになる。

このように説いて来て、津田は「世界」編集部がついに同意できない結論に到着する。「国民みずから国家のすべてを主宰すべき現代においては、皇室は国民の皇室であり、天皇は『われらの天皇』であられる。『われらの天皇』はわれらが愛さねばならぬ。国民の皇室は国民がその懐にそれを抱くべきである。二千年の歴史を国民と共にせられた皇室を、現代の国家、現代の国民生活に適応する地位に置き、それを美しくし、それを安泰にし、そうしてその永久性を確実にするのは、国民みずからの愛の力である。国民は皇室を愛する。愛するところにこそ民主主義の徹底したすがたがある。国民はいかなることをもなし得る能力を具《そな》え、またそれをなし遂げるところに、民主政治の本質があるからである。そうしてまたかくのごとく皇室を愛することは、おのずから世界に通ずる人道的精神の大なる発露でもある」

「世界」の編集部としては、前号の論文に引き続いて、過去の遺物である天皇制の迷妄を、津田が木っ端微塵《こ ぱ み じん》に粉砕してくれるものと期待していたのであろう。

ところが津田が書いて来たのは、これ以上ないほど熱烈な皇室擁護論であり、天皇に対する徹底した親愛の情の表明であった。

期待を裏切られた編集者は、結論の再考を求めたが受け入れられず、敗戦後はそれまでの皇国史観をそっくり裏返した感じの猛威を振るい始めた左翼史観に立つ勢力の意向を慮《おもんぱか》って、前記のように八頁の弁明文を同時に掲載したものとおもわれる。

「天皇は、日本国の象徴であり日本国民統合の象徴であって、この地位は、主権の存する日本国民の総意に基く」を第一条とした新憲法が公布される一年近く前、津田は既に「象徴」という言葉を用い、この条文と全く同じ理念を、誰からの押し付けでもなく、日本人自らの主張として発表していた。

「世界」の編集者を驚かせたこの主張は、わが国古来の皇室の伝統に合致しているばかりでなく、今になってみればその後長い年月を経る間に国民の中にほぼ定着した象徴天皇の在り方を誠によく洞察していた点において、津田左右吉の史眼の的確さを改めて認識させられるのである。

「神聖不可侵」は法律用語

ヨーロッパで最も軍国主義的だったプロイセン王国に範を取って制定された戦前の大

日本帝国憲法は、軍事と政治の実務には古来無縁で生きて来られた天皇の任務に、行政全部を総攬《そうらん》する大権と陸海軍の統帥権を加えた。

大日本帝国憲法の制定には、ドイツから招かれた（伝統的な君主の大権に重きを置いた立憲君主制を理想とする）法学者ヘルマン・ロェスラーの果した役割が非常に大きい。

起草の中心人物井上毅《いのうえこわし》（熊本藩出身で憲法完成後法制局長官となる）の初稿にはなかった——天皇を「神聖不可侵」とする条文を盛り込むよう強く主張したのはロェスラーである。

井上は、天皇が神聖不可侵であるのは、日本国民にとって肇国《ちょうこく》以来自明のことであるから、憲法に改めて記す必要はない、と考えていたのだが、ロェスラーは君主の大権に対する議会の干犯を防ぐために「天皇は神聖にして侵すべからざる帝国の主権者なり」と明記すべしと主張して譲らなかった。

結局起草の責任者である伊藤博文がこれを容れ、しかしかれ自身は君主制と共に（君主の権力が議会の制限を受ける）立憲政体を重視したい考えであったから、「帝国の主権者」の文言を省いて「天皇ハ神聖ニシテ侵スヘカラス」の大日本帝国憲法第三条が生れた。

ちなみに国王や皇帝の「神聖」や「不可侵」は、君主制をとる欧州各国の憲法に概《おおむ》ね記されていることで、これは「君主無答責」すなわち、君主は法律上においても政治上においても、何等責任を負わされることはない、具体的にいえば法律によって訴追されたり、逮捕されたりすることはない、という意味である。つまり欧州各国の憲法に記された「神聖不可侵」はそういう意味内容の法律用語といっていい。

わが国の場合、ロェスラーの原案から「帝国の主権者」の言葉を削って、いわば抽象化された「天皇ハ神聖ニシテ侵スヘカラス」の条文が、結果としてやがて次第に法律の次元を超越する神秘的な霊気を放ち始め、天皇を神格化するのに如何《いか》に絶大な威力を発揮したか、戦前戦中を知る人（今やかなり少数に限られるであろうが……）は、鮮明に記憶しているであろう。

わが国古来の伝統に反する権威と権力の一元化によって、天皇は極度に神格化され、やがて天皇以外の人のやることが、天皇の名において絶対化されるという——具体的な責任の所在がどこにあるのか判然としない官僚制の構造の中で、統帥権の威光を笠に着た軍部が一方的に独走する体制を作り出すことにもつながって行った。

法制史の泰斗石井良助は、戦後間もない頃に上梓《じようし》した『天皇』において、要約すれば次のように述べた。

戦前の国体論は、天皇親政をもって国体としたが、実際に天皇親政が行なわれたのは、中国式皇帝に倣った上世中期と、プロシャ（プロイセン）王政の影響を受けた近代中期に限られる。日本固有の形態をもって国体とするなら、天皇不親政の伝統をこそわが国の国体とすべきであろう……。

確かにわが国の歴史を虚心に見るなら、天皇が古代から何時の時代にも一貫して政治と軍事の実権を一手に握る絶対的な権力者であったなどという考えは、明治以降の官製の歴史観、国家観と、戦後にそれを裏返した左翼唯物史観が化合して、明治以前の時代にまで遡って投影されたところから生じた幻影に過ぎないのは、大方の目に明らかであろう。

「人間宣言」と「五箇条の御誓文」

敗戦翌年の元日、昭和天皇は年頭の詔書を発せられ、新聞各紙は一月一日付の一面トップで大々的に報じた。後に天皇の「人間宣言」として知られるようになる詔書である。これは天皇の神格否定を天皇御自らの言葉で示してほしかったGHQの希望に端を発し、宮内省がその意向に添うよう依頼した元旧制四高の英語教師レジナルド・ブライスと、GHQの教育課長で俳句に造詣の深いハロルド・ヘンダーソンが相談して案文を練ったものだが、原案の内容は昭和天皇のご意向によって大きく変えられた。

新字新仮名にして紹介すれば、詔書は次のように始まる。

「茲《ここ》に新年を迎う。顧みれば明治天皇明治の初国是として五箇条の御誓文を下し給えり。

曰《いわ》く、一、広く会議を興し万機公論に決すべし、一、上下心を一にして盛んに経綸《けいりん》を行うべし、一、官武一途庶民に至る迄《まで》各その志を遂げ人心をして倦《う》まざらしめん事を要す、一、旧来の陋習を破り天地の公道に基づくべし、一、智識《ちしき》を世界に求め大いに皇基を振起すべし。
叡旨《えいし》公明正大、又何をか加えん。朕は茲に誓いを新たにして国運を開かんと欲す。須《すべから》く此《こ》の御趣旨に則《のっと》り、旧来の陋習を去り、民意を暢達《ちょうたつ》し、官民挙げて平和主義に徹し、教養豊かに文化を築き、以《もっ》て民生の向上を図り、新日本を建設すべし」

詔書の冒頭に五箇条の御誓文を挙げられたことについて、昭和天皇は遥《はる》か後年の昭和五十二年八月二十三日の記者会見でこう述べられた。

「それが実は、あの詔書の一番の目的であって、神格とかそういうことは二の問題でした。当時はアメリカその他諸外国の勢力が強く、日本が圧倒される心配があったので、民主主義を採用されたのは明治天皇であって、日本の民主主義は決して輸入のものではないということを示す必要があった。日本の国民が誇りを忘れては非常に具合が悪いと思って、誇りを忘れさせないためにあの宣言を考えたのです。

初めの案では、五箇条の御誓文は日本人ならだれでも知っているので、あんまり詳しく入れる必要はないと思ったが、幣原《しではら》総理を通じてマッカーサー元帥に御誓文を示したところ、マ元帥が非常に称賛され、全文を発表してもらいたいと希望されたので、国民及び外国に示すことにしました」

神格否定に関するくだりで示された年頭詔書の文言はこうだ。

「朕と爾《なんじ》等国民との間の紐帯《ちゅうたい》は、終始相互の信頼と敬愛とに依《よ》りて結ばれ、単なる神話と伝説とに依りて生ぜるものに非ず。天皇を以て現御神《あきつみかみ》とし、且つ日本国民を以て他の民族に優越せる民族にして、延《ひい》て世界を支配すべき運命を有すとの架空なる観念に基くものにも非ず」

この条項も昭和天皇にはかねてより自明の理で、外からの強制によって述べられたことではないであろう。

津田左右吉は前述の「建国の事情と万世一系の思想」でこう語っている。

「(上代の)天皇がその日常の生活において普通の人として行動せられることは、すべてのものの明らかに見も聞きも知りもしていることであった。記紀の物語に天皇の恋愛譚《たん》や道ゆきずりの少女にこといかわされた話などの作られていることによっても、それは明らかである。『現つ神』というようなことばすらも、知識人の思想においては存在し、また重々しい公式の儀礼には用いられたが、一般人によって常にいわれていたらしくはない」

天地の神々を祭るのが公務であるわが国の天皇と、中国の皇帝やヨーロッパの国王との間には、全く別の地位といってもいいくらい大きな距離があり、行政と軍事の全権を掌握して臣下を従わせる中国皇帝やヨーロッパにあったような絶対王政は、わが国には上代の短い一時期を除いて殆ど存在しなかったといっていい。

遥かに遠い昔から、邦家と万民の安寧と繁栄を天地に祈って、祭祀と儀礼を敬虔《けいけん》に司《つかさど》るのが、わが国の天皇の最も伝統的な使命であった。

皇室が廃絶の危機に陥った敗戦後、新憲法の第一章第一条において「天皇は、日本国の象徴であり日本国民統合の象徴であって、この地位は、主権の存する日本国民の総意に基く」ことを、はっきりと内外に宣明した——いわゆる「象徴天皇制」は、決して占領国から押し付けられたものではなく、二千年の歴史を持つ天皇の本質を的確に現代に蘇《よみがえ》らせるものであった。

権威と権力を切り離した「二重政体組織」には永遠の継続に値する貴重な価値が籠められていたのである。

第八章◉棟方志功

棟方芸術の特徴は「ダイナミズム」

ヴェニス・ビエンナーレで版画部門の国際大賞（グランプリ）を受賞してから三年後の一九五九年、招かれてアメリカに渡った棟方志功は、貨客船山君丸からニューヨーク・ブルックリン港の埠頭《ふとう》に降り立ち、出迎えたジャパン・ソサエティーのベアテ・ゴードン夫人と一しきりジェスチュアまじりの賑《にぎ》やかな初対面の挨拶を交わした後、こんな質問を発した。

「アメリカには鮭《さけ》がありますか？」

ゴードン夫人は、父君がウィーンを中心に活躍した世界的ピアニストのレオ・シロタで、東京音楽学校（現・東京藝術大学）の教授に招聘《しょうへい》された時に連れられて来日し、五歳から十五歳まで東京に住んでいたから、日本語は母国語同様に堪能で、日本人の性質もよく知っている。

戦前の少女時代に接した日本人は勿論《もちろん》、戦後にニューヨークで日米の文化交流を実践するジャパン・ソサエティーの仕事に携わって出会った高名な芸術家や学者でも、大抵はおもったことをなかなか口に出さず、欧米人から見れば不可解な微笑を浮べて黙っていることが多いのに、志功の初対面の印象は全く違っていた。おもいついたことを片っ端から口に出して臆する色がない。

それにしても、アメリカに鮭があるか、という質問に、すぐには意味が解《わか》り兼ねて問い返すと、志功はこう説明した。私は鮭が大好きで週に一度は食べないと元気が出ない。それでアメリカにも鮭はありますかと聞いたのだ……と。

ゴードン夫人は即座に答えた。「勿論アメリカにも鮭はあります。私はあなたのために度々鮭を用意しましょう」

初対面の外国人にアメリカに鮭はあるかなどと突拍子もない質問をした志功に、奇妙な感じは受けませんでしたか、と三十数年前ゴードン夫人に会った時に私は訊《たず》ねた。

「日本人の多くは、テレビでよく見る棟方志功に、変った人、滑稽な人、というイメージを持っているんですが……」

夫人が首を傾《かし》げたので、英語の単語を交えて聞き直すと、

「エクセントリック？　ファニイ？　そんな風には全く感じませんでした。私が感じたのは……」

そう前置きして、ゴードン夫人は非常に重要なことを述べた。

「この人は私達と同じ種類の人間だ、ということです」

おもったことを率直に口に出す。自分はこういう人間で、今一番必要としているのは○○だ、とはっきり表明する。そういう人間は、アメリカ人にとって大変解り易《やす》いのである。

志功がロックフェラー財団とジャパン・ソサエティーに招かれたのは、アメリカ各地の大学で、版画についての講義とデモンストレーション（公開制作）を行なうためであった。

デモンストレーションに先立つ講義で、志功は技術的なことより、自分の板画がどこから生れて来るのかを、仏教における「自力」と「他力」の違いから説き始めた。

自力の考えに立てば、板画を作る、ということになるが、他力の考えに立てば板画は作らなくても、自《おの》ずと生れて来るのであると。

日本人にもすぐ通じるかどうか解らない話を、アメリカの一流大学の教授や学生達に向って、志功は少しも臆する様子がなく、ジェスチュアまじりの大声で語って行く。

「私の場合は、仕事の方から私を呼びに来るんです。プリーズ、棟方、プリーズ、棟方、って呼びに来るんですよ、本当に」

そういう時には「プリーズ、棟方」という呼び声に、そちらを振り向く体の動きと、机上の板木や道具を手にして指し示すジェスチュアが加わっているので、聴衆は日本語の段階で話の要旨を半ば理解し、通訳によってそれを確かめている気配だった。

その仕方話にすっかり引き込まれた聴衆を更に圧倒したのが、実技のデモンストレーションであった。志功は彫刻刀を持って板木に向ったと見るや驚くべきエネルギーと信じられない程の速度で、何物かに取り憑《つ》かれたように一種の舞踊ともおもえる姿で彫り続けた。ゴードン夫人の表現によれば、そこに現出したものは「生命（ライフ）」であり「嵐（ストーム）」であった。

意表を突く速さで、予《あらかじ》め半分以上彫ってあった板画を完成させた志功は、卓上から取り上げた馬連を翳《かざ》していう。

「これは中国から来た道具で、世界で最も簡単なプリントの機械です。馬連といいます。こんな風に馬の鬣《たてがみ》を撫《な》でるように摺《す》る時に、私の魂や命が、この馬連を通じて、紙に籠められるんです」

さっきまでの熱っぽさとは打って変って、敬虔《けいけん》な祈りの口調でそういった志功は、ゆっくりと馬連を使い始めた。その動きが次第に強く、激しくなって行く。観客が息を呑《の》んで見守る中、摺り終えた志功は、暫《しばら》く間を置いて告げた。

「開きます」

ゆっくりと板木から剝がした紙を、志功は両手で掲げて観客に示した。そこには深い精神的な内容を感じさせる黒と白の玄妙な世界が表出されていた。夢から醒《さ》めたような一瞬の間があって、場内から嘆声と拍手喝采が起った。

志功のデモンストレーションは、アメリカ人が大好きなショーとしてもほぼ完璧に近かった。観客は今目にしたものが、確かに芸術の創造過程であったことを実感していた。それは棟方志功の表現行為が手先だけでなく、心と身体の全部を使ってのものであるのが明らかな所から生じていたのに相違ない。

志功は完成した作品に署名し、捺印《なついん》して、最後にこういった。

「私の板画には、ナンバーがないのです。世界の版画家の中で、ナンバーをつけないのは、私だけだとおもいます。これはわざとつけないのじゃなくて、多分、多分ですね、私の板画には、同じものが一枚もないのです。そういう訳ですから……。これで、私の板画の話は、終りです」

再び一瞬の間があって、盛大な拍手と喝采が湧き起った。

「ムナカタは四回、アメリカに来ましたが、……」

と、ゴードン夫人はいう。「どのレクチュアとデモンストレーションでも、観《み》た人に忘れられない印象を残しました。ムナカタのように強い印象を与えた人は他に知りません」

志功の作品と人間の魅力は、アメリカ人には通訳を要しない性質のものであったらしい。日本人には大袈裟《おおげさ》ともおもえる志功の身振り手振りが、アメリカ人には少しもオーバーでなく、自分達と同種の人間を感じさせるということもあったのだろうが、それにしても海の向う側とこちら側とでは、志功に対する見方にかなり大きな開きがあるようだ。

棟方芸術の特徴は何だとおもいますか、と質問したら、

「ダイナミズムです」

と、ゴードン夫人は言下に答えた。

ダイナミズムとは、二十世紀初頭のイタリア未来派によって唱えられた——機械の動力や人間の生命力の躍動感と力強さをダイナミックに表現しようとする芸術上の主義だ。日本人に棟方芸術の特徴を聞いて、こんな風にたった一言で答えられるような人がいるだろうか。

そう考えると、アメリカ人の方が遥《はる》かに直截《ちょくせつ》に、棟方志功の本質に迫っているようにおもえる。

「グランプリ」に対する国内の評価

一九五六年のヴェニス・ビエンナーレにおける棟方志功のグランプリ受賞は、当時の

わが国の画壇に大いに歓迎された訳ではない。

その年の美術界を回顧した美術雑誌の座談会で、出席者の評論家が触れた志功の受賞に関わる部分に、当時の画壇の雰囲気がありありと窺《うかが》われるようにおもわれる。

「……いずれにしても、いままでイタリア館のなかに間借りしていたのが、今度独立した家をもったということは言えるわけでしょう。それでどうなんですか。内輪話めくけれども、棟方志功のグランプリにそれが少しは影響していたのですか」

内輪話めくけれども……という前置きがされているところからすると、志功の受賞は日本館の新設が「少しは」どころか「大いに」影響していたのに違いない、というのが画壇内部の観測だったのだろう。

ヴェニス・ビエンナーレへの世界各国の出品作は、会場の広大な公園内に建てられた自国のパビリオン（展示館）に陳列される。

前回まで自前のパビリオンを持たなかった日本は、主催国イタリアの展示館に間借りしてきたのだが、今回はブリヂストンタイヤ社長石橋正二郎が建築費を寄贈して初めて独立したパビリオンが建てられた。

戦後の日本を代表する建築家吉阪隆正が設計して、小高い丘の上に出現した建物は、床が力感のあるコンクリートの脚柱によって三メートルの高さまで持ち上げられ、平屋建ての四面の白い壁が周囲の緑と鮮やかな対照をなしていて、日本の土蔵の重厚さと近代建築の斬新さを兼ね備えた簡潔明瞭な造型が、世界中の美術関係者の称賛を集める程の美観を示していた。

志功の受賞は、その卓越した建物と館内の雰囲気の余慶を蒙《こうむ》ったからではないか……というのが、画壇内部の推理であったのに違いない。

雑誌の座談会では、志功の作品は現代に呼吸している感じがない……という一人の意見を受けて、

「大方の意見というものがそうじゃないかしら。そこらへんにいわゆるプリをもらったということと、いま言われた現代美術というもののあいだに、変な断層があって、ヴェニスのビエンナーレというものはなんだろうという気持がかなりあるとおもうのですね」

どうやら問題は、志功の受賞に始まって、ヴェニス・ビエンナーレの権威に疑問を持つ、というところにまで発展していたらしい。

といってもそれは何回か前まで遡っていえば、デュフイやマティスといった絵画国際部門の大賞受賞者に対する根本的な疑問を意味していた訳ではないだろう。それらの画家を全面否定したら、日本の洋画のかなりの部分も同時に消滅しかねない。とすると、それは版画部門に対する疑問であったのだろうか。この部門においても、志功以前の大賞受賞者は、ミロ、ノルデという第一級の画家であり、その前はシャガールだった。

三人の美術評論家を集めたその座談会では、志功の受賞に疑問を持つ人が二人、肯定したのが一人、つまり二対一の割合であったが、美術界全体でいえば疑問派や否定派の方が圧倒的に多かったろう。

今よりも更に学歴が重視されていた当時、小学校を出ただけで正規の美術教育を受けておらず、美学者の柳宗悦《やなぎむねよし》や陶芸家の濱田庄司、河井寛次郎など民芸運動のグループの支援を受けて出て来た志功は、美術界では「下手物《げてもの》」と目され、ヴェニス・ビエンナーレのグランプリ受賞も、欧米人の異国趣味、特に「ジャポニカ」（日本趣味）に投じたフロック（紛《まぐ》れ当り）にすぎない、と臆測されて甚だしく軽視された。

だが、そういう先入観を一切持たない外国人の目に、棟方志功の作品はどう映るのだろうか……。

太平洋戦争が勃発する直前、大阪の領事館に着任したアメリカの若い外交官が、町の民芸品店で見た黒と白だけのシンプルな絵に魅入られて購入した中の、何かストーリーが感じられた一枚が志功の『善知鳥《うとう》』で、無性にその物語を知りたいという気持に駆られ、後にかれを謡曲『善知鳥』の英訳に導いて行くきっかけとなった。

その若い外交官が戦後間もなく旺文社から刊行された『善知鳥』英訳本の共訳者となったメレディス・ウェザビーである。戦後はずっと日本に住み、東洋の文化と美術を主題にした豪華本を刊行する「ウェザヒル出版社」の社長となった氏を三十数年前に訪ね、日本人の棟方観と外国人の棟方観の違いについて聞いてみた。

「棟方はジャポニカとは全く違います。棟方を知るアメリカ人で、かれをジャポニカだとおもっている人は誰もいないでしょう。みんな世界の芸術家（アーティスト・オブ・ザ・ワールド）の一人、とそう考えているとおもいます」

志功がヴェニスで受賞した翌年、有名な『ジャパニーズ・イン』（邦訳名『ニッポン歴史の宿』）の著者で、版画の研究家でもあるオリバー・スタットラーがアメリカの雑誌に発表した「棟方志功論」は、次のような文句で始まる。

「棟方志功は版画の歴史において、反逆者の中の反逆者（Rebel）である」

外国人の目に、優美で繊細な浮世絵版画と全く対蹠的《たいしょてき》な荒削りの作風のムナカタは、昔からの伝統に反逆する前衛的で現代的な芸術家として映っているのである。

国内では、邪道と謗《そし》られ、下品と蔑まれ、ゲテモノと卑しめられながら、常に美術界で孤独な戦いを続けて来た果敢な革新者（イノベーター）であったことを知る人は、今も決して多くないであろう。

棟方志功がわが国の版画の歴史に生み出した革新の最大のポイントを、唯一点《ただ》にしぼっていうならば、昔から愛好家が手に持ち、机上に置いて鑑賞する大きさであったものを、六曲一双の屏風《びょうぶ》仕立てや、広い壁面一杯を占領する壁画のような面積にまで拡大したことだ。

例えば代表作とすることに衆目が一致するであろう『釈迦《しゃか》十大弟子』は、悟り澄ました高僧とはとても見えない荒々しい野性味と人間味に溢《あふ》れた十人の修行僧の立像を、頗《すこぶ》るダイナミックに彫り上げて、両端に文殊菩薩《もんじゅぼさつ》と普賢《ふげん》菩薩を配し、表具にも大金を費やして、六曲一双の屛風に仕立て上げた大作である。

そしてヴェニス・ビエンナーレに出品した時は、この日本独自の立体的な屛風仕立てが、棟方の所だけ背後の壁面が暗くなっていたこととの対照で、抜群の会場効果を挙げており、天井から入って来るしっとりとした光線が、外国人が見たことのない屈折した屛風という装飾的な展示形式と、和紙の質感を非常に魅力的に際立たせていた。

『釈迦十大弟子』は西洋の観客の目に、十二体の東洋風の仏像が生き生きとした人間味を帯びて、彫刻的に並び立っているように見えたことだろう。

棟方志功は専ら本能的な活力と勢いだけで突っ走っているようにおもわれているけれど、このように作品を最高の形式で展示するための冷静で緻密な計算にも長《た》けた――誠に端倪《たんげい》すべからざる天才芸術家だったのである。

壁画のような版画

大戦の開始直前に大阪の領事館に赴任して来たアメリカの若い外交官メレディス・ウ

エザビーが、一目で魅了された『善知鳥』が制作されるまでの過程を知れば、世界に類のない棟方芸術の生成の歴史が、頗る具体的に明らかになる。

強度の近眼というハンディを克服するため、写生が基礎となる洋画から版画への転進を志した志功三十歳の出世作『大和し美し』の制作は、歌人で書家で美術史家の會津八一との出会いが大きな契機になっていた。

紹介の労をとった雑誌「版芸術」の編集者料治熊太《りょうじくまた》によれば、志功はこの時會津に見せられた古代中国の書の拓本に強烈な衝撃を覚えたらしい。

石の碑面を直接に鏨《たがね》で穿《うが》った古い時代の金石文は、版画と同じようなもので、それは書家というより石工の仕事であった。またその拓本から志功は、黒と白のバランスとハーモニー、文字の配列から生れるリズム感をも学んだものとおもわれる。

そして何より一番大きかったのは、會津八一にもともと書と画は同じものであるという中国の「書画一致」の思想を教えられて、文字を彫ることがそのまま版画になり得るという確信を持てたことであったのに相違ない。

こうして、かねてより愛読していた佐藤一英《さとういちえい》の長篇物語詩『大和し美し』の板画化をおもい立った志功は、寝食を忘れてひたすら文字を彫り続けることに没頭した。

やがて完成すると、横が一間以上もある四つの額縁に収められた二十枚の板画は、ぎっしりと彫り込まれた約二千の文字が、いわば呪術的な効果を醸し出して異様な迫力を発揮していた。

それを会友になっていた国画会展に搬入すると、そのままでは版画部の展示室のスペースを大きく占有する結果になるのが審査員の反感を買って、額を一つだけにして残りは持って帰れ、といわれた。

だが、この作品の迫力は、四つの額縁に収められた二十枚の画面を、さまざまな文様や絵と共に二千の文字が埋め尽して、具象とも抽象ともつかぬ不可思議な魅力を漂わせる所から生じているので、これを一つの額縁だけにしたら、縦書きの文字を読み進むにつれ、詩文の行が横にどこまでも連なって繁殖して行くような玄妙な表現効果が大きく失われてしまう。

志功は同じ国画会の工芸部の審査員である陶芸家の濱田庄司に助けを求め、濱田はやはり工芸部の審査員である柳宗悦にも見せて、「只者《ただもの》じゃないね、これは」と唸《うな》った柳が、版画部の審査員に掛け合った結果、四つの額縁を二段掛けにして展示されることになった。

翌昭和十二年の国画会展に、再び佐藤一英の詩を彫って出品した『空海頌《そらうみのたたえ》』は、何と半紙大の版画を縦に三枚、横に十八列、計五十四枚も並べて一箇の作品にするという、『大和し美し』を遥かに上回る桁外れの大作であった。

その時の会場の写真を見ると、志功の作品は幅六メートル、高さ一・八メートルの大きさで一つの壁面を完全に独占している。前年に『大和し美し』を所期の意図に反して上下二段掛けにされたことが腹に据えかねていた志功は、こういう形で審査員に反撃したのだ。

更に翌昭和十三年の国画会展に出品した『東北経鬼門譜《きょうきもんぷ》』は、六曲一双の屏風仕立てにした——高さが一・五メートルで横の長さが十メートルにも達する超大作であった。

志功が国画会展で小さな一室しか与えられていない版画部を舞台にして、これほど自由奔放でかつ傍若無人の制作活動が出来たのは、やはり濱田庄司と柳宗悦に最初に受けた強力な支援の賜物《たまもの》であったろう。

そしてまた、そもそも志功が、もし国画会が版画部に与えた狭いスペースと他人の作品との釣合を斟酌《しんしゃく》し、そうした制約に合せて自作を彫るような殊勝な心掛けの持主であったとするならば、世界の美術史に前例のない巨大な壁画のような棟方板画はこの世に生れる筈《はず》がないのである。

濱田庄司と柳宗悦に並ぶ恩人は、陶芸家河井寛次郎だ。京都五条坂のかれの自宅に長く逗留《とうりゅう》させて貰《もら》ったのは、小学校しか出ていない志功にとっての国内留学ともいうべき期間だった。

それまでの志功は、精神的にも近視眼的な所があって、自分の身の回りのものしか題材にしていなかったのだが、河井に禅書『碧巌録《へきがんろく》』の講義を受け、広大無辺な仏の世界に目を開かれて以来、かれの主題は無尽蔵といってもいいものになった。

河井家に滞在中、古都の名所名刹を観て回った中で、かれが最も熱中したのはまるで彫刻刀で彫った版画のような竜安寺の石庭で、恩賜京都博物館と三十三間堂、養源院、建仁寺、六波羅蜜寺にも足繁く通い、それらの場所で接した俵屋宗達の傑作『風神雷神図』や松の図の襖絵《ふすまえ》は、後に志功の作中に姿を変えて現れることになる。

そして志功の目に最も数多く触れたものが、野性的で魔術的な魅力を持つ河井寛次郎の作品であった。作者の意思とは関係なく、支持者が勝手に自分の所蔵品である『鉄辰《てつしん》砂草花丸紋壺《しゃそうかまるもんつぼ》』をパリ万国博覧会に出品して、グランプリに輝いたこの時期に、志功は河井の身近にいてその作陶ぶりを絶えず注視していた。

もう一人忘れることのできない恩人が、民芸運動の同志で並並ならぬ教養の持主であった商工省の高級官僚水谷良一である。かれは世阿弥の謡曲に志功の郷里青森の古称である「善知鳥」という題の物語があるのを教え、それに感激して版画に彫ろうと決意した志功に、宝生流シテ方野口兼資《のぐちかねすけ》と高弟の田中幾之助を自宅に招いて実際に演能を見せた。

愛知県で地方銀行の頭取も務めた資産家の長男で、役所の給料の大半を民芸運動や謡曲等の趣味に注《つ》ぎ込み、新進の芸術家を育てることにも情熱を燃やしていた水谷ならではの贅沢《ぜいたく》な後援であった。

謡曲『善知鳥』の底に流れる深い哀しみが、志功の心を純粋にしていたのだろう。完成した『善知鳥版画巻』からは、これまでかれの作品につきまといがちだった騒々しさがすっかり影を潜め、黒白二色だけの表現がどのような色彩表現にも増して沈痛な美しさを帯び、ぎりぎりの所まで凝縮されて簡潔に造型された人物と鳥の姿は、象徴の域にまで高められていて、画面に籠められた作者の無言の祈りが、見る者にまざまざと伝わって来るような奥の深い鎮魂歌になっていた。

これを文展に出したいという志功の望みを聞いた水谷は、全部で三十図あった中から八図を選び出し、志功が新たに彫った一図を加え、計九図を縦と横に三枚ずつ並べて額縁に収めさせ、この構図によって『善知鳥版画巻』は一層緊張した美しさを放つようになった。

昭和十三年の文展に搬入した作品は、版画としては官展初の特選を受賞して、棟方志功の声価を確立させる機縁となった。人間の肉体と精神の両者を一体化させて、象徴的に表現した代表作『釈迦十大弟子』が制作されるのは、その翌年のことである。

ネブタに由来する原色とダイナミズム

『釈迦十大弟子』を制作した昭和十四年の夏――。青森へ帰った志功は何をするよりも先に善知鳥神社へお参りに行った。

青森市の中心部にあった生家に近く、境内に海の入江の名残である沼と、こんもりとした森を持つ善知鳥神社が、少年時代のかれが一番長い時間を過ごした遊び場であった。

参道に幾つか石燈籠が並んでいる。志功はその台の上に登ってみた。子供の頃かれはこの石燈籠の台に登って、例大祭の宵宮に境内で催される仕掛け花火を群集の頭越しに眺めたものだった。石燈籠を見てそうした幼時の追憶に耽《ふけ》る人は他にもいるだろうが、三十代の半ばを過ぎてから台の上に実際にまた登ってみる所が如何《いか》にも志功らしい。頭の中で考えたことがすぐさま実行に直結するのである。

登ってみると、子供時分におもっていたより、石燈籠の台は案外低く、右手にあって仕掛け花火の綱を張るのに使われていた銀杏《いちょう》の大樹も、海からの潮風で枯れたのか或《ある》いは大風で倒されたのか、消えてしまっていて、志功は大事なものを失ってしまったような寂しい気持に襲われた。

そして追想の中に現れて来る元の善知鳥神社の光景は、まるで夢のように美しいものであった。

「あのアカシアの花が、房に匂うて、あの境内前通りの幅広い堀堰《ほりぜき》に、水を湛《たた》えて水草が浮び、沢瀉《おもだか》が咲き、あの土堤には、春には菫《すみれ》が咲き、蒲公英《たんぽぽ》が実を飛ばしていた頃を想う。柳が枝垂れて水面の浮草を釣っている事なぞも目にしたものだった」

この失われた詩的な情景は、「あおもりはかなしかりけりかそけくも　田沼に渡る沢瀉の風」と歌ったかれの、生涯脳裡《のうり》から離れなかった原風景であったのに相違ない。

ある日、父親に使いを命じられて、善知鳥神社の境内を通り抜けようとした志功は、社務所の側にあった高さ二間程の大きな絵燈籠に心を奪われて、その場に立ち尽してしまった。

その絵燈籠に、一本の木から出ている筈なのに赤、青、黄、紫と色とりどりの牡丹《ぼたん》の花が描かれているのを見て、大人達はどうしてこんな嘘《うそ》の絵を描いて喜んでいるのだろう……と不思議におもったのだ。その疑問をずっと抱き続け、やがて本格的に絵の勉強を始めてから、

――実際の自然と違うあの絵こそ、本当の絵であったのだ。

という信念を持つに到るのだが、この時は結局命じられた用事を忘れて家に帰り、父親に大目玉を食らったくらいだから、志功は子供ながら絵のことを考え詰めて、余程長い忘我の時を過ごしていたのだろう。

志功は小学校を卒業すると、すぐに家業の鍛冶屋《かじや》の徒弟となり、鍬《くわ》や鎌などを鍛える父幸吉と相対して向う鎚《つち》を打ち始めるのだが、夏のネブタ祭が近づくと、仕事をそっちのけにして、家筋の本家に当る棟方忠太郎のネブタ作りの手伝いに熱中した。

当時は組ネブタと呼ばれた青森ネブタは、車がついた屋台の上に、大きな武者人形の燈籠を組み合わせて作られる。

まず細く割った竹で、曾我の五郎、十郎といった人形の骨組みを仕上げ、上に貼った紙に墨で太い描線を記した中に色をつけて表情を浮び上がらせ、蠟《ろう》で輪郭を囲んだ文様を赤、青、黄、紫といった強烈な原色で塗り潰して行く。

顔の大きさだけで二抱えもあるような巨大な張子の人形の中に、百目蠟燭《ろうそく》を五十本、百本と灯《とも》した組ネブタが、五十台以上も出て、車の動きにつれてゆらうらと揺れながら進んで来る有様は、観る者の胸を躍らせずにはおかない壮観であった。

ネブタ作りには棟方忠太郎の他に、北川の左官屋、籠屋のトンコなど評判の名手がいて、志功は後年、忠太郎は色彩構成が実に画然として鮮やかであったが奔放さに欠ける憾《うら》みがあり、北川は色彩構成において忠太郎の敵ではなかったけれどもまるで生きた人間が六法を踏んで近づいて来るが如《ごと》き躍動感を横溢《おういつ》させ、トンコの作風は稚拙なところに何ともいえない愛嬌《あいきょう》があった、と回想して書いている。

志功はそれらの町の画師を、全て自分の手本にしていたのだろう。鮮やかな原色による色彩構成、墨の描線から色がハミ出す程の奔放な躍動感、愛嬌を感じさせるまでの稚拙さ……等は、何《いず》れも後の志功の作風に直接通じるものだ。ベアテ・ゴードン夫人は、棟方芸術の特徴を一言で「ダイナミズム」といったけれども、それはまず青森のネブタに由来していたのである。

棟方忠太郎のネブタが完成して、本番の祭が始まると、志功は近くの野間歯科医院の書生の遠藤や山田と一緒に、ネブタ行列の跳ね人《はと》の中に加わって踊りまくった。

東京から来た野間歯科医院の家族の会話は東京弁で交され、応接間のガラスケースには磨き上げられた猟銃が並んでおり、野間家の人びとは志功のことを「志功さん」と呼んだ。

いつも「スコ、スコ」と呼びつけにされているかれにとって、明るく文化的な香りと光に満ちたそこは、まさしく夢の世界であり、一家のかわいい三人姉妹は、文字通りの高嶺《たかね》の花であった。

幼時から「絵バカのスコ」と呼ばれて来た志功の描く絵は、この頃油絵に変り始めていたのだが、長女の茂子は絵を見せられても、余り感心したことがなかった。例えば緑である筈の初夏の山野が、一面に赤く描かれているのに、茂子が疑問を口にすると、

「それはね、茂子さん」

志功は懸命に東京弁に近い言葉を遣って説明した。「今の山は、燃えているんですよ。冬の間眠っていた生命が、いっぺんに息を吹き返して、真っ赤に燃えているんですよ」

それは少し前に知り合った独学の青年画家小野忠明が雑誌「白樺《しらかば》」で読んで教えてくれた絵画理論の受売りだった。その誌上では若き日の柳宗悦がゴッホを論じて「げに彼

の画けるものは凡《すべ》て潑溂《はつらつ》たる生命そのものであった。彼の画ける雲は躍り彼の画ける木々は燃えている。草も木も山も雲も、そは凡て燃ゆる雲の裡《うち》にある」と書いていたのである。

自分に油絵の描き方を初めて教えてくれた十八歳の小野忠明（後に国画会会員となる）を、志功は「先生」と呼んだ。こんな風に身近にいて何かに長じている人を、全て師と仰いで、相手が持っているものをおもいきり吸収するのが、小学校にしか行かなかった志功独特の勉学の仕方だった。

小野が初めて街頭の荷車に腰掛けて絵を描いている志功の画帳を覗《のぞ》いた時、それは少女雑誌の挿絵の模写でもしているのかとおもわれる程稚拙な絵であった。

だが、小野に油絵の描き方を教えられ、毎日のように小野の下宿にやって来て、手法やモチーフについて語り合っているうちに、

――これほど短い間に、よくもこれだけ上手《うま》くなるもんだな。

と小野が舌を巻く程長足の進歩を示した。

この抜群の吸収力が、棟方志功の天性の主要な財産である。故郷青森ではネブタ作りの棟方忠太郎、北川の左官屋、籠屋のトンコ、油絵の小野忠明、上京して版画に転じた後は書家の會津八一、民芸協会の人々の知遇を得てからは柳宗悦、河井寛次郎、水谷良一を師と仰ぎ、白紙のような感受性で、それらの人びとの蓄積を全身全霊で吸い取った

ことが、貧しい鍛冶屋の近眼の子供を今では誰もが「世界のムナカタ」と認める稀代《きたい》の芸術家へと成長させて行ったのだった。

第九章◉太宰治

現実にはあり得ない花

太宰治は、読者が生涯の記憶として脳裡《のうり》に刻む箴言《しんげん》を、わが国で最も数多く残した作家だが、中でも有名なのは「富士には、月見草がよく似合う」という言葉だろう。

だが、『富嶽百景』を永遠の名作にしたこの月見草に関して、太宰文学の篤実な研究者であった故相馬正一は、極めて注目すべき疑問を提出した。

月見草は夕方に開いて朝にはしぼむ習性を持つ花だ。それなのに、バスの女車掌が、きょうは富士がよく見えますね、といった好天の日中、車窓の外を通りすぎた風景の中から、「私の目には、いま、ちらとひとめ見た黄金色の月見草の花ひとつ、花弁もあざやかに消えず残った。三七七八米の富士の山と、立派に相対峙《あいたいじ》し、みじんもゆるがず、なんと言うのか、金剛力草とでも言いたいくらい、けなげにすっくと立っていたあの月見草は、よかった」と書かれた黄金色の花は、本当に花弁を開いていたのか……という疑問である。

この疑問について、私は自分の目で確かめる機会を得た。NHK教育テレビ（現・Eテレ）「人間大学」で放映した「太宰治への旅」の収録で、作品に描かれたのと同じ季節に同じ日中の時間と経路を辿《たど》って、河口湖から御坂《みさか》峠の天下茶屋へ通じる道を登って行った時のことである。本物の月見草の花は白色なので、作中に現れる「黄金色」の月見草は、山中湖畔や河口湖畔に多く繁殖し、その名前で呼ばれているオオマツヨイグサ以外ではあり得ない。

撮影スタッフと同乗した車が、午前九時に河口湖のホテルを出発し、湖畔の道をほぼ半周して目的地へ向う途中、道端のあちこちに群生するオオマツヨイグサは、まだ黄色い花を咲かせていたが、午前十時に撮影が開始される頃、周辺の花は萎《しお》れかけており、昼近くに終了した時にはもうすっかり窄《すぼ》んでいた。

湖畔より御坂峠へ向う車窓から、曲折しながら進む山道の所々で見かけたものと同様に、天下茶屋の前に植えられたオオマツヨイグサも、窄めた頭を下に垂れていて、開いた花は一つもなかった。

晴天の陽光を浴びて、夜咲く月見草が一輪だけ、まるで向日葵《ひまわり》でもあるかのごとく、黄金色の花弁もあざやかに、けなげにすっくと立っていた……というのが、現実の光景であるとするならば、奇跡的な例外としかいいようがない。いや、そういう例外はあり得よう筈《はず》がないので、やはり太宰の脳裡にだけ花開いた月見草と見るのが正解であろう。現実にはあり得ない花を咲かせる。これが太宰治の創作術の真髄である。

太宰が御坂峠の天下茶屋に滞在した当時、見合いから婚約の成立に到《いた》るまで、何もかも弟子おもいの恩師井伏鱒二の綿密な心遣いと取り計らいで結ばれた石原美知子と、昭和十四年一月八日、東京市杉並区清水町の井伏宅で井伏夫妻の媒酌により結婚式を挙げた後、新婚の夫婦はその夜遅く新宿から中央線の汽車に乗って甲府市御崎《みさき》町の小さな借家の新居に帰った。

翌日の朝、美知子の表現によれば「待ちかまえていたように」、新妻にペンを持たせて太宰が始めたのは短篇『黄金風景』の口述筆記であった。

国民新聞主催の「短篇小説コンクール」に出すための作品で、新聞社が執筆を依頼したのは、芥川賞受賞者の鶴田知也と小田嶽夫《おだたけお》を始め、伊藤整、上林暁《かんばやしあかつき》、葉山嘉樹、森山啓、新田潤、浅見淵《あさみふかし》など、何《いず》れ劣らぬ新進気鋭の作家三十人である。太宰に気負いがなかった筈はない（結果としてこれは、参加作家の互選に主催者側の票を加えた合計で、上林暁の『寒鮒《かんぶな》』と共に最高の四票を獲得し、賞金百円を上林と分け合った。新しい生活の門出に当って、誠に幸先のいいおもいであったろう）。

新生活の最初の仕事として、『黄金風景』の口述筆記を終えた太宰は、すぐに続いて雑誌「文體《ぶんたい》」の二月号に前半が掲載された『富嶽百景』の後半の口述に取りかかった。

後半に入って間もなく、作品はピークにさしかかる。夜咲く花の月見草が一輪、富士山と立派に相対峙して、けなげにすっくと立っていた……というくだりである。

無名作家の自分を一輪の月見草に擬して、「富士には、月見草がよく似合う」という一句を考えついた時に、『富嶽百景』の構図はその一点に収斂《しゅうれん》されて、不滅の名作の輝きを放ち始めたものとおもわれる。

月見草を対峙させた夏の富士の後に、作者は秋の富士、夜の富士の姿を詩的に描き、それに重ね合せて自己の心境を述べ、新しい文学を探し求めて筆を運ぶ作家の苦しみを切々と語る。

実に鮮やかな月見草の場面に引き続いて、その陰に秘められていた内心の苦悩を筆記しながら、妻は、このひとは確かに普通の人間ではない、怖いほど文学の天分に恵まれた芸術家だ……と感じたであろう。

机を挟んで対座した向うから、作者の胸中に湧き上がる創作の苦しみが痛切に伝わって来て、現実の世界とは次元の違う文学の創造に、自分も参加している、という微妙な戦慄を伴う誇りを、無意識のうちに抱かされたかもしれない。

また、世間からすればスキャンダル塗《まみ》れの無頼漢で、心中未遂と自殺未遂を繰り返し、麻薬中毒で精神科の病院に入れられた性格破綻者と見られている夫の核心には、このように純粋な苦悩が秘められていたのかと、目と心を洗われるような気がしたに違いない。

そして作者は、目の前で真剣に筆記している妻――即《すなわ》ちこの作品の最初（で後述するように最高）の読者に、まさにそのように理解して貰《もら》おうとして、口述を進めていたのに相違ないのである。

作品が終盤に近づいた時、夫は突然、後は自分で書く、といって口述をやめた。

そして太宰が自分で書いた中に、こういう箇所がある。御坂峠の天下茶屋から、甲府の見合い相手の家を訪ねた帰り、バスの発着所まで送ってくれた「娘さん」に「富士山には、もう雪が降ったでしょうか」と聞かれ、そこからも富士山が見えるのに気がつき、「いまのは、愚問です。ばかにしていやがる」というくだりである。

まだぎこちない「娘さん」のおもいあぐねた心理を示す名場面だが、作品の発表後に読んだ美知子の妹愛子は「あら、この愚問を発したのは、私よ」と、抗議の声を挙げた。

バスの発着所まで送って来たのは、美知子と愛子の二人で、富士山に雪は降りましたか、と聞いたのは、妹の方だったのである。見かけは事実をありのままに書く私小説風でも、叙述はいつの間にか実在の人物が作者のおもい通りに行動する太宰独自の世界になっていたのだ。

わが国の伝統的な私小説を貶《おとし》める際によく用いられる言葉でいえば、実際に起った出来事をその通り書いた「身辺雑記」風に見える『富嶽百景』も、実は作者の意識と無意識の双方に基づく精妙な計算により、さまざまな虚構と現実を組み合せて創り上げられた完璧な小説である。

「私」という一人称で書けば、作中の出来事を全部事実とおもい込む習慣が、私小説全盛時代のわが国には存在した。

印刷術の発明以来、不特定多数を対象に書かれるようになった小説を、読者の一人一人に宛てた個人的な「私信」のように感じさせる独特の語り口と共に、わが国の読者なら大抵現実にあった話とおもい込む私小説のスタイルで、核心となる主題に合せて工夫を凝らした筋書のあるフィクションを書くことが、太宰治の発明した画期的な手法であった。

その仕掛けに気がつけば、太宰の小説の面白さは一層深みと豊かさを増すのである。

堅気の娘とデカダンの子

石原美知子は自分を容易ならざる運命に導くことになる小説家を、まず書物で知った。普通の読者としてではない。

昭和十三年の七月上旬、甲府の石原家におもいもかけない縁談が持ち込まれた。元になったのは井伏鱒二が書いた一通の手紙である。甲府のバス会社で会計主任を務める知合いに出された手紙は、受け取った斎藤文二郎から石原家に齎《もたら》された。その手紙の筆跡を目にした美知子の母は「何という能筆な方だろう」と嘆声を洩《も》らした。

井伏鱒二が斎藤文二郎に宛てて、巻紙に毛筆で記したのは、嫁探しの依頼の手紙で、相手の年齢を（数え年で）十九歳から二十九歳までと限定し、三十歳の当人――太宰治については、これまでに何冊か小説集を上梓《じょうし》し、近く刊行予定のものもあること等が書かれ、私生活に関しては全く触れていなかった。

筆跡の美しさで美知子の母を感嘆させた井伏鱒二は、この年の二月『ジョン萬次郎漂流記』で第六回の直木賞を受け、一見地味な作風に脚光を当てられた時期であったが、仮にそれがなかったとしても、会って信頼感を覚えぬ人はまずめったにいないであろう真摯で朴訥《ぼくとつ》な骨柄の持主である。そのような篤実な人物が中に入っての縁談であった。

太宰の私生活には触れていなかったとしても、貴族院議員であった津軽の大地主の家に生れ、東京帝国大学に進んだことぐらいは書かれてあったろう。

一方、石原家は死去した父親が東京帝国大学理科大学地質学科の出身で、教師となって山口、島根、山形の各県で中学校長を歴任し、故郷の山梨に帰った後は富士山の地質や動植物の研究に没頭して書物を著した学究肌の人であり、数年前に病没した兄左源太は東京帝国大学医学部に学び、三姉が嫁いだ相手も東京帝大工学部卒の技師という秀才揃《ぞろ》いの家族環境であった。

山梨県立甲府高等女学校から、男女別学の当時は女性の最高学府であった東京女子高等師範学校文科を卒業し、山梨県立都留《つる》高等女学校の教師になっていた美知子は、文学好きであったが太宰治という作家は名前も作品も知らなかった。美知子が二十七歳まで独身でいたのは、東京女高師時代の親友三人とお互い結婚しないことを誓い合っていたからといわれる。当時の女性の一般的な常識とはかなり距離のある独自の人生観と潔癖な夢の持主であったのだろう。

縁談があって間もない八月の初旬、美知子は東北から北海道への旅に出た。独身女性の観光旅行、若い女性の一人旅が普通のものとなる遥《はる》か以前の話である。微《かす》かな、しかし強い予感に動かされての感傷旅行であったのでは……と考えてもさほど大きくは違うまい。

その頃はまだ秘境の感があった十和田湖を訪ね、八甲田の山をバスで下って青森へ――。

当時の青函連絡船は、青森を出て函館に着くまで四時間半かかる。出航を待つまでの間、駅前通りの成田本店に入って書棚に目を走らせた美知子は、そこに三冊並んでいた本に、これまで経験したことのない衝撃を覚えたに相違ない。

新潮社刊の「新選純文学叢書」として出された本で『虚構の彷徨・ダス・ゲマイネ』という背文字の題名の下に太宰治著と記されており、表紙の半分近い面積にかけられていた帯には「神を畏れぬ驕慢《きょうまん》の罪によって罰せられた二十世紀のデカダンの子」といった意味の言葉が並んでいる。

表紙を開け、扉をめくると、アート紙の頁《ページ》の大半を領する著者近影が現れる。それが美知子の初めて目にしたいわば見合い写真なのであった。

写っていたのは一口にいってやや日本人離れのした美貌の青年の半身像で、豊かな長髪は若干の乱れをそのまま無造作に撫《な》でつけられ、いかにも着慣れた和服姿であるのが、普通の生活者とは違う芸術家の雰囲気を深めている。日本人離れした印象の元になっている太く長い鼻梁《びりょう》の存在を和らげるように、羞《はじら》いを含んだ微かな笑みを口元に漂わせ、全体に年齢よりずっと少年っぽい人懐っこさも感じさせる。それが「神に罰せられたデカダンの子」と本の帯に謳《うた》われた作者の顔であった。

青函連絡船の三等船室で、読み始める前であったか読み終えた後であったか、手にした本の扉に「一九三八・八・七　青森にて」と美知子は書き込んだ。それは本文の頁を断裁せずに綴《と》じたフランス装の本であったから、たぶん携帯用の裁縫道具の小さな鋏《はさみ》を使って紙の折り目を一頁ずつ切り開いて行くにつれて、美知子の前にこれまで生きて来た堅気の世間の道徳とは全く懸け離れた無軌道で乱脈で危険な世界が広がり始める。

謹厳で実直な家庭に育った者にとって決して容認することのできない作中の主人公に、仮にも共感したり感情移入したりするのは、相手と共犯者の関係になることである。

恐らく他のどんなに敏感な読者とも比べものにならない、肌に粟《あわ》を生ずる程の戦慄を感じながら、美知子はやがて結婚することになるかもしれない新進作家の小説を一字一字、一行一行食い入るように読み進んで行った。

最初で最高の読者

そもそも結びつく可能性など全くあり得なかった太宰治と石原美知子の間に、どうして縁談が持ち上がったのかといえば……。

少年時代から井伏鱒二に心酔し、東京帝大仏文科へ入るとすぐに弟子入りした太宰治と同様に、井伏には未《いま》だ世に知られていない時期から、土着性とモダニズムが入り混じった独特な文体の魅力に惹《ひ》かれて、門を叩《たた》く文学青年が少なくなかった。

井伏の広島県の郷里に近い地方の出身で、作品に魅せられて門下に加わった高田英之助は、慶應義塾大学の国文科を卒業すると、東京日日新聞（現・毎日新聞）の記者になって甲府支局に赴任し、そこで知り合った前記の斎藤文二郎の長女須美子との縁談がまとまった時、須美子の母せいと共に井伏家を訪ねて、師に結婚式の仲人を依頼した。

その依頼を井伏は断った。太宰の自殺未遂や麻薬中毒や精神科の病院への入院、太宰の先妻初代との離別にまつわる深刻な悶着《もんちゃく》と、何年にもわたって絶え間なく続いた騒動にさんざん苦労させられて、もう弟子の私生活に関わるのは懲り懲りという心境になっていたのかもしれない。

それにも拘《かかわ》らず、太宰に適当な結婚相手はいないものだろうか……という意味合いの話を、高田と斎藤夫人にしたのは、一向に精神と生活が安定しない弟子の身の上が気がかりで、心から離れずにいたせいだろう。

甲府に戻ってその話になった時、石原美知子の名前を出したのは、高田の婚約者須美子であった。隣り合った町内に住む石原家の末娘と女学校で友達だった須美子が、その愛子ちゃんのお姉さんの美知子さんはどうかしら、と口に出したのは、女高師の文科出で、文学や音楽など芸術をこよなく愛する気質を知っていたからである。

前述の北海道旅行から帰った石原美知子は甲府市水門町の自宅で九月十八日の午後、井伏鱒二と斎藤せいに伴われて来た太宰治と見合いをした。

その夜甲府に一泊した太宰は、御坂峠の天下茶屋に戻ると、二年前に出した第一創作集『晩年』を、石原美知子宛に送るよう版元の砂子屋《まなごや》書房に依頼した。

鑑賞眼の厳しい井伏鱒二が最高級の賛辞を呈した秀作『思い出』のほか『魚服記』『道化の華』『彼は昔の彼ならず』『ロマネスク』などの野心作や佳作が収められた作品集である。読み進むにつれて、作者の才能が全く疑えないものとなった美知子は、

——この人を死なせてはならない。

——私なら、この人を死なせはしない。

というおもいに、強く駆られたのではないだろうか。

石原美知子と結婚して、口述筆記の手法を取り始めてから、太宰治の小説家としての視野と力量は格段に広がりと深まりを増した。初期の実験的な作品の読者として作者が意識していたのは、発表舞台である同人雑誌の仲間と固定的な愛読者と限られた範囲内の同業者と批評家だけだった。

しかし、今感心させなければならないのは、目の前にいる最初の読者であり、その美知子はまた文学好きだった兄左源太の影響を受けて、ハイネ、ゲーテ、セルバンテス、ゴールズワージー、ジョージ・エリオット等の外国文学を教養として身につけた最高の読者でもあった。つまり最初で最高の読者にまず認めさせなくてはならないという意識が、小説家としての技倆《ぎりよう》を飛躍的に向上させたのだ。

甲府市御崎町の小さな借家で約八箇月を過ごした後、昭和十四年の九月一日、夫婦は東京府北多摩郡三鷹村下連雀のやはり小さな借家に移った。そしてその年の十二月に出来たのが、口述筆記という手法を取ることで、太宰独特の話し言葉による〈語り〉の魅力が最高度に発揮された『駈込み訴え』である。

太宰は書出しと結びの文句が共に抜群に上手《うま》い作家だが、この作品の書出しはこうだ。

「申し上げます。申し上げます。旦那《だんな》さま。あの人は、酷《ひど》い。酷い。はい。厭《いや》な奴《やつ》です。悪い人です。」

男性一人称の独白体で、主人公（＝作者）が読者に直接訴えかける語り口になっている。美知子は後年、当時を回想して、おおよそ次のように書いた。

『駈込み訴え』は、炬燵《こたつ》に当たって、盃を含みながら、全部口述して出来た。仕事にかかるまえは、傍の目にも苦しげで、痛々しく見えたが、仕事にかかると、頭のなかにもう、出来ていた様子で、憑《つ》かれた人の如《ごと》く、その面持はまるで変わって、こわいものに見えた。『駈込み訴え』のときも二度くらいにわけて口述し、淀《よど》みも、言い直しもなかった。言った通り筆記して、そのまま文章であった。書きながら、私は畏れを感じた……。

この作品を読んだ人は作者の尋常でない聖書に関する知識の深さに感嘆せずにはいられないだろう。太宰は手にした聖書と首っ引きで口述したのではない。イエス・キリストの生涯は、ずっと前から熟読を重ねて来た聖書と、私淑する無教会主義の伝道者塚本虎二が主宰する雑誌「聖書知識」に、塚本自身が連載していた「イエス伝研究」を欠かさず愛読することによって、既にかれの血肉と化していたのだ。

結びの文句はこうである。

「はい、はい。申しおくれました。私の名は、商人のユダ。へっへ。イスカリオテのユダ。」

何という鮮やかな結末！　途中から凡《おおよ》そ見当はついていたにしても、文字通り最後の最後で語り手の名が初めて明かされ、薄い目の鱗《うろこ》を落とされた読者は、全体の視野が一挙に鮮明になった気がして、胸のすくような快感を覚える。

同性愛が混じり合っているようなユダの、イエスに対する愛情と嫉妬はいかにも現代的であり、現世の喜びと金銭しか信じない点では典型的な近代人といえよう。かれは神を信じない。イエスを専ら人の子と見て、さまざまに近代的解釈を施そうとし、反《かえ》って混乱に陥る。

混乱が深まれば深まる程、その視線の先にある「あの人」のこの世ならぬ美しさは一層輝きを増し、遂にユダの裏切りによって、イエスが神の子であることは決定的に証明されるに到るのである。

太宰の小説には、自作自演の演劇という要素もあるのだが、この作品で自ら演じてみせたのはイエスとユダの二役であった。だから自分の目の前で、太宰が神の子イエスと現代人ユダを鮮やかに対照させ、その双方を物の見事に演じて行くのに接した時、美知子が畏れを感じたのも無理はなかったのである。

旋律と韻律を帯びた文章

青森県北津軽郡金木《かなぎ》村の津島家の繁栄が始まったのは、津島修治（太宰治）の祖父惣助の才覚と時代の劇的な変化による。

明治維新の前年に家督となった婿養子の惣助は、油や荒物の行商から身を起し、やがて反物の商人と金貸しを兼ね、一代で二百五十町歩の田畑を所有する大地主に伸《の》し上がった。維新後、帰農に失敗した士族が、藩主から分与された土地を僅かな金で続々と手放したのと、相次ぐ冷害のたび、借りた金を返せない零細な自作農から、抵当の田畑を取り続けて行ったことが、短い間に急速な拡大を実現させた。

その後を継いだ源右衛門も、才幹を見込まれて婿に迎えられた養子で、期待に違《たが》わず惣助が創業した合資会社金木銀行の頭取として業務を発展させ、県会議員を経て、衆議院議員に当選し、津軽一の名工として知られる堀江佐吉の設計施工によって、現在は「斜陽館」として知られる和洋折衷の大邸宅を完成させた。十番目の子供である修治は、この新邸宅で生れた最初の子であった。

議会が開かれると、源右衛門と一緒に母親も上京するので、家を留守にする期間が長く、子供達は乳母によって育てられたが、修治の場合はまだ物心つく前に乳母が再婚していなくなったので、以後は専ら叔母きゑ（実母の妹）の手で養育され、毎晩添い寝して津軽の昔噺《むかしばなし》を聞かせてくれるきゑを、修治は自分の本当の母親と信じ込んで育った。

修治は神経質な子供で、夜に布団へ入っても、なかなか寝つくことができない。この大きな家が火事になったらどうしよう……とか、横にいる母親のきゑが急にいなくなったらどうしよう……とか、そんな不安に取り憑かれると心配で堪《たま》らず眠れなくなってしまう。
そんな修治を眠らせるために、きゑは津軽に伝わる子守唄代りの「きりなし話」を語って聞かせた。

長《なげ》え長え昔噺《むがしこ》、知らへがな。
山の中に橡《とち》の木いっぽんあったずおん。
そのてっぺんさ、からす一羽来てとまったずおん。
からすあ、があて啼《な》けば、橡の実あ、一つぼたんて落づるずおん。
また、からすあ、があて啼けば、橡の実あ、一つぼたんて落づるずおん。
また、からすあ、があて啼けば、橡の実あ、一つぼたんて落づるずおん。
………

この同じ語句の反復を、低い声で子守唄を歌うように、あるいは不思議な魔力を伴う呪文のように、添い寝する子が眠気に誘われ完全に目を閉じて寝息を立てるまで、際限なく繰り返す。詩でいえば脚韻のような「(落づる)ずおん」は、「(落ちる)そうな」という意味の津軽弁だ。

修治にとって、日常の会話とは別の次元で物語られる言葉は、旋律と韻律を帯びた詩か音楽として、または呪力を籠められた言霊《ことだま》として、毎晩耳元で囁《ささや》かれ、風のない夜の雪のように、しんしんと夢の世界の底に降り積もって行った。

「きりなし話」のような津軽の昔噺は他にも沢山あって、物心ついた頃から数え切れない程繰り返し修治の耳元で囁かれ、心身に滲《し》み込んだ言葉の音楽は、後年の太宰治の文章に脈々と息づいている。

昔の文豪の古典的な名作の多くが、現代の若者に顧みられなくなった今も、太宰治が同時代の作家のように広く読まれている理由の一つは、解り易《やす》い口語的な「語り」口調の文章が、旋律と韻律を帯びた言葉の音楽として、読者の感性にごく身近に伝わって来るものであるからなのに違いない。

最高の喜劇作家

国を挙げての大戦争の敗色が日増しに濃くなり、東京が相次ぐB29の大編隊の猛爆に曝《さら》されていた昭和二十年の初夏、太宰は疎開した甲府の石原家で『お伽草紙《とぎぞうし》』を（この時はもう口述ではなく自分のペンで）書き継いでいた。

これは当時の日本人ならみんな知っていた昔噺を元に、不羈奔放《ふきほんぽう》な想像力と痛快無比の批評精神を縦横に発揮し、素材を完璧に換骨奪胎して、抱腹絶倒のパロディー――という言葉は当時まだ一般に使われていないが――に仕立て上げたものである。

太宰を私小説系統の作家と見る人は今も少なくないとおもうが、実は想像の赴くまま私生活を虚構化したり、或《ある》いは昔話、お伽噺、他人の日記や手紙、西鶴、聊斎志異《りようさいしい》、シェークスピア、聖書……と、どんなものでも材料にして自分流に色を染め変え、自由自在に織り上げるパロディーに最も本領を発揮した作家であった。

日本の純文学の歴史で、かれほど読者をよく笑わせる小説を数多く書いた作家はいない。中でも西鶴に材を採った逸品揃いの『新釈諸国噺』と並んで最も笑いの多いのが『お伽草紙』である。

その頃は日本中の誰もが知っていたお伽噺が、太宰治が創り出した世界では次のように語られる。昔から『瘤《こぶ》取り』で鬼に瘤を取られるのは「良いお爺《じい》さん」、瘤をつけられるのは「悪いお爺さん」であった筈なのに、ここでは瘤を取られるのが酒好きの飄《ひよう》逸《いつ》な年寄りで、つけられる方は近所の人も一目置く立派な人格者ということになっていて、悪い人がいないのに何故不幸な人が出たかといえば「性格の悲喜劇というものです。人間生活の底には、いつも、この問題が流れています」と結ばれる。

『浦島さん』はこれも後年に一般的になる言葉でいえばＳＦで、底知れない広がりを持つ想像力によって描かれた海底の様子と竜宮城の光景が実に鮮やかだ。再話された四篇みんないかにもそれらに共通する特徴で、鬼や動物たちの性格が見事に描き分けられ、ここでも毒舌家の亀と名家の御曹子である浦島太郎の会話が絶品で、読むたび頰が綻び、更に緩んだ頰を引き締めて感嘆せずにはいられない。

夢のような月日を過ごして、地上に帰って開けてみたら、かれを白髪のお爺さんに変えてしまった玉手箱――。乙姫《おとひめ》はどうしてそんなお土産をくれたのだろう。作者はいう、「年月は、人間の救いである」「忘却は、人間の救いである」「浦島は、それから十年、幸福な老人として生きたという」と。

『カチカチ山』では、良い兎《うさぎ》と悪い狸《たぬき》、という原型を引っ繰り返し、兎は処女神アルテミス型の残酷な美少女、狸は愚鈍で大食で助平だが根は善良な中年男となって登場する。美少女と中年男の双方の心理の分析が、頗《すこぶ》る深遠な含蓄に富み、人間性への深い洞察に満ちた表現の巧妙さと滑稽さで、読む者の哄笑《こうしょう》を呼ぶ話術は、まさに天才の名にふさわしいといえよう。ここでも怜悧《れいり》で上品な雌の兎と、愚鈍で下品な雄の狸は、太宰治の一人二役なのである。

日本の降伏がすぐ間近に迫っているとは夢にもおもわず、国民の多くが本土決戦を予想して漠然とした悲壮感に包まれていた時期に、作者は「国難打開のために敢闘している人々の寸暇に於《お》ける慰労のささやかな玩具として恰好《かっこう》のものたらしむべく」ひたすら読者を喜ばせ、笑わせる物語を、想像力と文章力の限りを尽して、毎日五枚ずつこつこつと書き進めていたのだった。

太宰はこれまで暗い虚無の面で語られることが多かったけれども、この国では図抜けて多量のユーモアを含む小説の作者であり、最高の喜劇作家であったことを、今後はより意識的に語られなければならないとおもう。

『お伽草紙』を書く前年の初夏、太宰は小山書店から依頼された「新風土記叢書」の一冊として『津輕』を書くため、郷里に向って旅立った。殆《ほとん》どの読者が実際にあったことをその通り描いた紀行文として読むであろうこの作品も、実は「母捜し」という主題に合せて筋書が仕組まれた小説で、クライマックスとなる小学校運動会の掛小屋の場面は、作者の完全な創作であった。

太宰が伝統的な私小説の作者ではなく、フィクションの天才であったことを確認しておけば、読者は背後の事情にとらわれることなく、かれが全身全霊を籠めて創り出したテキストを一字一句一行一行、感受性を全開にして味わい尽すことに意識を費やすべきであろう。私には実話よりも作り話として読んだ方が、『お伽草紙』と双璧をなす傑作『津輕』の醍醐味を、一層深く感得できる気がするのだが、作者自身は作品のラストを次のように結ぶ。

「私は虚飾を行わなかった。読者をだましはしなかった。さらば読者よ、命あらばまた他日。元気で行こう。絶望するな。では、失敬。」

自由思想家の叫び

Ｂ29の大編隊の空襲で甲府の石原家は焼失し、焼け出された太宰は妻子と共に東京・上野駅を経由して津軽へ向い、日本中の鉄道網が空襲でずたずたにされて混乱を極めている中、東北線、陸羽線、奥羽線、五能線と乗り継ぎ、途中二夜は駅のコンクリートの床にリュックサックを枕にして眠るなど、大変な苦労を重ね、四日間を費やして七月末に漸《ようや》く青森県北津軽郡金木町の実家に辿り着いた。

ここで八月十五日の敗戦を迎えた太宰が、戦後最初の仕事として九月の下旬に始めたのは、「河北新報」から依頼を受けた新聞連載小説『パンドラの匣《はこ》』の執筆であった。

これは愛読者木村庄助の死後にその遺志によって送られて来た日記を題材に、戦時下に書かれた『雲雀《ひばり》の声』の出版が、版元が戦災に遭って不可能になっていたものを、校正刷を元にして書き直したものである。

十月二十二日から連載が開始されて五十日経《た》った十二月十日の紙面で、作中人物の一人の口から突如として「天皇陛下万歳！」という言葉が発せられる。

その言葉の趣意は、翌年四月に創刊された雑誌「文化展望」に発表された文学的回想記『十五年間』に、より措辞を整えた形でこう記された。

「真の勇気ある自由思想家なら、いまこそ何を措《お》いても叫ばなければならぬ事がある。天皇陛下万歳！　この叫びだ。昨日までは古かった。古いどころか詐欺だった。しかし、今日に於いては最も新しい自由思想だ」

太宰治は文壇で無頼派と呼ばれたが、その言葉のもとであるフランス語の「リベルタン」をかれは「自由思想家」と解し、自由思想の核心は反抗精神であるとして、その言葉を発したのだ。

確かにこれは、昨日まで国中挙げて合唱していた「天皇陛下万歳」の画一性を、そっくり裏返した勢いで「天皇制打倒」を叫ぶ左翼が主導権を握ったジャーナリズムの世界では、無類の反抗心の持主である太宰治のような無頼派でなければ到底発することのできない、大変な勇気と覚悟を要する叫びであった。

この作品を執筆したのと同じ時期に、広島の郷里加茂村に疎開していた井伏鱒二に宛てた手紙で、かれはこんなことをいっている。

「私は無頼派《リベルタン》ですから、この気風に反抗し、保守党に加盟し、まっさきにギロチンにかかってやろうかと思っています。（中略）共産党なんかとは私は真正面から戦うつもりです。ニッポンばんざいと今こそ本気に言ってやろうかと思っています。私は単純な町《まち》奴《やっこ》です。弱い方に味方するんです」

『十五年間』に続いて、自分の思想的遍歴をフランスのモラリストの箴言集のように断片的に綴《つづ》った『苦悩の年鑑』では、結語としてこう書いた。

「天皇の悪口を言うものが激増して来た。しかし、そうなって見ると私は、これまでどんなに深く天皇を愛して来たのかを知った。私は、保守派を友人たちに宣言した」

「まったく新しい思潮の擡頭《たいとう》を待望する。それを言い出すには、何よりもまず、『勇気』を要する。私のいま夢想する境涯は、フランスのモラリストたちの感覚を基調とし、その倫理の儀表を天皇に置き、我等の生活は自給自足のアナキズム風の桃源である」

その次の年の二月に再刊された『正義と微笑』は、米英諸国を相手にした大戦争が勃発した翌年六月に書下ろしで刊行された作品であった。だが俳優志願の少年芹川進の日記体で綴られるのは、みずみずしい青春物語＝成長小説で、戦時色や時局色が全く感じられないばかりか、扉の裏に題銘として「さんびか第百五十九」が引用され、主人公は第一日目の日記に「マタイ福音書」の一節を四行にわたって書き写す。

未曾有の大戦争が始まり、米英両国に対する敵愾心《てきがいしん》が一気にかつ猛烈に燃え上がっていた時期だから、アングロサクソン文明の核心をなすキリスト教も「敵性」の思想と見做《みな》される危険は甚だ大きい。

にも拘らず作者は、巻頭に賛美歌を掲げ、本文に入るとじきにマタイ福音書の一節を引用し、更に全篇に簡単には数えきれないくらい聖書の語句を鏤《ちりば》めて行く。

敗戦直後に「天皇陛下万歳！」の叫びとなって発揮される太宰治の反抗精神が、開戦直後にはこういう形で示されていたのだ。

かれの中の「自由思想家」が、時の権力や世の中の一般的な時流に、如何《いか》に果敢に抗《あらが》うものであったかが察せられるであろう。

太宰治の核心をなすのは、反抗精神と一見それとは相反するサービス精神である。『正義と微笑』の結びにかれはこう記した。

誰か僕の墓碑に、次のような一句をきざんでくれる人はないか。
「かれは、人を喜ばせるのが、何よりも好きであった!」

並外れたサービス精神の持主であるかれは、ひたすら読者を喜ばせるために、全身全霊を傾けて心血を振り絞る時に最高の本領を発揮する資質の作家であった。

作者自身によるこの文中の言葉ほど、太宰治の作品にふさわしい碑銘はない。

第十章◎小津安二郎

不動のキャメラ・ポジション

小津安二郎は昭和二年、二十四歳の時に映画監督としてデビューしたのだが、小市民の哀歓を描く作風で独自の世界を開き、生きるために心ならずも上役に迎合しなければならないサラリーマンを父親に持つ子供の複雑な胸の内を描いた昭和七年の『大人の見る絵本　生れてはみたけれど』で「キネマ旬報」ベストテンの第一位に選ばれ、翌年の『出来ごころ』も二年連続でベストワンを獲得した。出世の早い監督だったといっていい。

だがかれの映画は、作品的な高評価が必ずしも興行成績には結びつかず、所属する松竹大船撮影所を複雑な気持にさせ、敗戦後も暫《しばら》くは本調子を出せずに精彩を欠き、小津ももう終ったか……という声も出始めていたのだが、戦後四年目の昭和二十四年に公開されて、「キネマ旬報」のベストワンに輝いたばかりでなく、興行的にも快打となったのが、初めて原節子を主演女優に迎えた『晩春』である。

これは以後作品的成功と興行的成功が手を相携えて進み、大監督としての地歩を押しも押されもしないものにして行く最初の作品であった。

小津映画の作風の特徴を唯一《ただ》言でいうとすれば「ストイシズム」だ。自分の感性、美学、価値観に合ったものだけで画面を構成し、それに反するものは全て潔癖に排除する。

撮影においてキャメラを左右や上下に振るパンは行なわず、移動もめったにしない。常に五〇ミリの標準レンズを装着したキャメラを、一定のローポジションに据えて、「フィックス」（固定撮影）のみで撮った画面を、溶明や溶暗は使わず、カットの始まりと終りを明確にきっちりと示す編集で繋《つな》いで行く。

『晩春』は世界に類例のないそのユニークなスタイルを不動のものにして、まさしく小津芸術と呼ぶに値する決定的な結晶度と完成度を示した名品であった。

古都鎌倉の一隅に、母を亡くした家でひっそりと暮す学者の父とその娘の、堅実で伝統的な暮しぶりを、絶えず繰り返される部屋への出入りや階段の上り下りなど、しごく日常的な動作を句読点として、淡々とした描写にリズミカルな格調を刻む独特の文体で描き、原節子はその中で、男やもめの父親を（自分では気づかずに）恋人のように想う、嫁《い》き遅れた娘のナイーブでかつ複雑微妙な感情を、観客の想像力を掻《か》き立てる抑制された演技で完璧に表現した。

小津は自分でキャメラのファインダーを覗《のぞ》き、目の細かい定規で計るようにして、一カット一カット厳密に構図を定め、入魂の撮影を続けて行く。かれはどのようにして、その独特なスタイルを編み出したのだろうか。

小津安二郎の最初のトーキー作品『一人息子』（昭11）と、続く『淑女は何を忘れたか』（昭12）を観《み》ると、キャメラを床すれすれのローポジションに据え、合間合間にインサートする無人の風景や建物の構図と、人物の芝居をカットで繋ぐ独自の文法は、この二作において既に確立されていたことが解《わか》る。

後年は描く対象も形式も和風に徹したかれも、初期においてはモダニストで、ハリウッド流の洗練された喜劇を目ざし、洋館で暮す上流層の生活を描いた『淑女は何を忘れたか』を子細に観察すれば、キャメラをローポジションに据えた理由が解る気がする。背が低い日本人の、洋風を真似《まね》た生活ぶりを、普通のキャメラ位置で撮ったのでは、到底洗練された印象にはなり得ない。

ところが、洋間の床や廊下にキャメラを低く構えると、人物の立ち姿が実際以上に高く見えて、日本人離れした暮しの感覚が生じて来る。つまり小津のローポジションは、戦前の日本人のモダニズムを表現するのに効果的な手法として考え出され、その延長線上において、畳に坐《すわ》って動きが少ない日本人本来の和風の生活空間と挙措動作を、きちんと楷書《かいしょ》で描くのに最適の文体となって完成されたものとおもわれる。

では、パンと移動撮影を行なわず、専らフィックスの画面を明確にカットで繋ぐ手法は、どのようにして生れたのだろうか。

撮影助手として松竹蒲田撮影所に入所し、助監督に転じた小津は、昭和二年に城戸四郎所長から「監督ヲ命ズ、但《ただ》シ時代劇部」という辞令を貰《もら》い、生涯の名コンビとなる野田高梧の脚本で『懺悔《ざんげ》の刃《やいば》』（唯一の時代劇）を撮った。小津安二郎のスタートは時代劇監督だったのである。

同じ年、数歳年長の伊藤大輔は日活京都撮影所で、後に伝説となる程の傑作『忠次旅日記』三部作を完成し、翌年には『血煙高田の馬場』と『新版大岡政談』三部作で、キャメラマンの唐沢弘光と一心同体になり、名前をもじって「移動大好き」という綽名《あだな》がついたくらい、キャメラの移動とパンを多用して、殺陣の中を自由奔放に動き回り、観客を映画という表現形式でしか味わえない生理的な興奮に導いて、冒頭のクレジットタイトルに「監督　伊藤大輔」の名前が出ると、館内から一斉に拍手が湧く程の熱狂的な支持を受けていた。

そこで小津は、時代劇の先輩伊藤の徹底して動的な作風とは対極の所に、誰にも似ない自分自身の世界を創り上げようとして、あの静的なスタイルを案出したのではなかろうか……。私にはそうおもわれてならない。つまり、時流とは相反する方向に目を据えることが、最初から小津安二郎の考え方と生き方の基本的な姿勢であったと考えられるのである。

話を『晩春』に戻すと、淡々とした描写が続く映画において大切なのは、文章でいえば行間で、小津映画の簡潔な筆致の行間に秘められた意味と情感は、奥行が測り知れない程深い。

俳優の名前で書けば、父親の笠智衆《りゅうちしゅう》は、二十七歳になって嫁に行く気がまるでない娘の将来を案じ、妹の杉村春子から自分自身に持ち込まれた三宅邦子（未亡人）との縁談に応ずる姿勢を、微妙な態度で演じて見せる。

その時原節子は、誰よりも愛して来た父親に初めて嫉妬の交じった敵意を覚え、かねてより叔母の杉村春子に強く勧められながら、返事をせずに来た見合いの席につくことを、遂に承知する。

見合いの話が纏《まと》まって、結婚式を迎え、自宅の二階で花嫁の姿になった原節子の無類の美しさは、その気立てのよさと相俟《あいま》って、映画には出て来ない亡き母の容姿と人柄を偲《しの》ばせずにはおかない。

不器用な自分の一世一代の大芝居によって実現させた結婚式が終って、それまで長い間二人で暮していた家に帰り、モーニングの上着を脱いで、廊下の椅子に茫然《ぼうぜん》と腰を下ろした笠智衆は、卓上の林檎《りんご》とナイフを手に取って皮を剝《む》き始める（それはかれにとって初めての経験であったろう）。

小津監督との共同作業で執筆される野田高梧の脚本では、ここで主人公が慟哭《どうこく》するト書になっていたのだが、小津の演出に決して異を唱えたことのない笠智衆が、この時は涙を流す演技を「私には出来ません」と拒否したため、映画館でわれわれが観たラストシーンとなった。

これからＤＶＤで初めて接する人も、この場面から滲《にじ》み出す孤独感と寂寥《せきりよう》感には、胸を打たれずにいられないだろう。

痛切な悲哀と人間味に満ちたユーモア

『晩春』とそれから十三年後に作られて遺作となった『秋刀魚《さんま》の味』は、基本的設定においてほぼ同一のドラマといっていい。

独り身の父親を案じて嫁に行こうとしない娘の路子（岩下志麻）は、好意を抱いた兄の会社の後輩である三浦（吉田輝雄）に、既に結婚を約束した相手がいることを知り、父の旧友河合（中村伸郎《なかむらのぶお》）に勧められていた見合いの話を、やっと受け入れる気持になる。

結婚式当日の朝、自宅の二階で花嫁衣裳《いしよう》の着付けを終えた岩下志麻は、横顔から視線をゆっくりとこちらに移して、部屋に入って来た父親に微笑《ほほえ》みかける。

小津は女優の美しさを際立たせることに優れていた監督で、ここでも岩下志麻の表情は観る者の目を瞠《みは》らせずにはおかない。

式が終ったあと、旧友二人と一緒の酒席から、もう帰る……と立ち上がって外に出た笠智衆は、ふらつき気味の足取りで、密《ひそ》かに好意を抱いていたマダム（岸田今日子）のトリス・バーへ行く。

海軍時代の部下で、笠智衆を「艦長」と呼ぶ坂本（加東大介）に連れられて行って知った店で、容姿が洗練されて気働きのいい魅力的なマダムを、死んだ母さんに似ている……と、武骨な笠が長男の佐田啓二に洩《も》らしたことがある。つまり、娘を送り出した結婚式のあと、かれは亡き妻の印象を求めて、そこを訪ねた訳だ。

笠を迎えた岸田今日子は、常連の加東大介がいつもリクエストする「軍艦マーチ」の伴奏音楽のレコードをかける。

自分の青春時代の夢と情熱をそこへ注ぎ込んだ大日本帝国海軍の公式行進曲の勇壮なリズムとメロディーを聞きながら、笠はトリスをストレートで飲む。

したたかに酔って、息子達が待つ家に帰ったかれは、モーニングの上着を脱いで「軍艦マーチ」を鼻歌でうたう。

長男夫婦が帰り、次男も寝床に入った後、水を飲みに台所へ行き、椅子に坐ってがっくりと肩を落とした後ろ姿に、笠智衆が濃く滲ませるのは、慟哭寸前の痛切な悲しみだ。

掌中の珠《たま》であって頼みの綱でもあった愛娘《まなむすめ》がいなくなった現実に、過去の賢妻との死別と、帝国海軍の崩壊とが二重三重に合致することによって、小津安二郎の生涯の主題であった「喪失感」は、このように悲痛を極めた象徴的な画面にまで突き詰められた。喪失ってみてそれまで以上にその存在の価値を知らされることがある。喪失感は人生において大切なものを輝かせるのに欠くことの出来ない陰翳《いんえい》の額縁だ。そしてその輝きは、実は何気ない平凡な毎日の生活の随所に遍在する……というのが、小津の行間に秘められた主題なのであった。

小津が描くのは人生の悲哀だけではない。かれはまた作品の随所にユーモアを鏤《ちりば》めて、観客をよく笑わせる監督でもあった。そのコメディー・リリーフで絶妙な役割を演じ続け、小津映画に欠かせない魅力を披露したのが杉村春子である。

『晩春』では、自分の世話で見合いをした姪《めい》の原節子の気持を聞くため、兄の笠智衆を鶴岡八幡宮に誘った杉村春子が、境内でガマ口を拾い、これは縁起がいい、とちゃっかり着物の懐にしまい込んだ後、なぜか急に小走りになって去った先の向うから、無言で、早く早く……と手前の笠に対して手招きをする。何を周章《あわ》てているのかとおもうと、画面の外側から笠智衆の後ろ側に巡査がやって来る。

後述する『東京物語』では、東京で美容院をやっている長女の杉村春子が、尾道から出て来た父親（笠智衆）が知らない友達（東野英治郎）を連れ、べろんべろんに酔っ払って帰って来たのを見て、さんざん文句をいった挙句、「いやンなっちゃうなあ」と東京弁でぼやく——その発音の仕方だけで、観る者に多くのことを感じさせて笑わせた。

笠智衆と共に東京の子供達を歴訪する旅行をし、尾道に帰って間もなく脳溢血《のういっけつ》で死亡した母親（東山千栄子）の葬式を済ませたあと、家族と別の話題の会話をしていた途中で、杉村春子が急に「お母さんの夏帯があったわね」「あれわたし形見に欲しいの」といい出すタイミングが実によく、脚本、演出、演技の三者が阿吽《あうん》の呼吸で一致した所から生じた点で、これも小津映画の醍醐味《だいごみ》と感じさせる秀逸な場面であった。

『晩春』と『東京物語』の間に挟まる『麦秋』で、杉村春子はいつも着物に前掛けを締めていて、知合いの家を訪ねる時もそれを外さない。知合いというのは、まだ結婚せずにいる紀子（原節子）のいる間宮家で、戦死した紀子の兄と、大学病院の医師をしている自分の息子（二本柳寛）とは、学生時代親友の間柄だった。

妻をなくして男やもめ（で子持ち）の息子が、秋田の病院へ赴任することになった際、まさか、そんなことは……と躊躇《ちゅうちょ》しつつも、後添えになってくれる気はないか、と遠回しに尋ねた時、原節子からおもいもかけず承諾の返事を聞いて、驚喜した杉村春子は、前掛けを顔に押し当てて嗚咽《おえつ》する。途中でいささか違和感を抱かせなくもなかった前掛けが、ここで絶大な効果を発揮するのである。

作品の脚本、演出の意図を本当によく理解して、与えられた役の性格をくっきりと浮び上がらせるために選んだ衣裳プランであったのだろう。小津組常連の脇役俳優は、演技が一定の型に嵌《は》められて幅が限られる中で、脚本、演出の意図を深く読み取り、それを最高度に表現しようと、みんな内側から役になり切った。

そして『晩春』『麦秋』『東京物語』のヒロインを主役にふさわしい花やかさで見事に演じ通し、この三本を不滅の名作にするのに最高の貢献をしたのが原節子である。

理想の夫婦像

尾道で地方公務員として地道な一生を送って来た平山周吉（笠智衆）一家の人間像のそれぞれを、両親の東京旅行の一部始終を通じて鮮やかに描き出し、限りない余韻を感じさせる『東京物語』は、平凡な日常の生活が実は掛替えのないといとおしさに満ちた貴重なものであることを、まざまざと感じさせる小津映画の最高傑作だ。

だから、まだご覧になっていない方にも、小津映画がどのようなものであるかを知って貰うために、後半のストーリーのあらましと画面構成と、笠智衆の独得な台詞《せりふ》回しの調子を出来るだけ詳しく再現してみたい。

成長して東京で暮す子供達を、もうさほど老い先が長くない夫婦が連れ立って訪ねる旅行を終えて、尾道へ帰る途次、車中で六十八歳の妻とみ（東山千栄子）の気分が悪くなり、途中下車した大阪で国鉄に勤める三男敬三（大坂志郎）の部屋に二泊して、家に帰り着くと間もなく、脳溢血で倒れ、危篤の電報を受け取って東京からやって来た子供達（山村聰《やまむらそう》、杉村春子、三宅邦子、原節子）と、この家に住む次女京子（香川京子）が見守る中で、午前三時十五分に息を引き取る。

晴れ渡った早朝の澄明な空気感の中で、尾道水道に面した高台の上に建つ寺院の境内のような一隅に、七十二歳の周吉が一人、海に向って脱力した感じで佇《たたず》み、ポカンと口をあけている立ち姿が、ロングショットで捉えられる。

周吉の体内にぽっかりと生じた空白が、あたかも目に見えるようなこの場面は、秀作佳作が少なくない小津の作中でもとりわけ傑出したものといってよいであろう。

戦死した次男昌二の妻紀子（原節子）がやって来て、臨終に間に合わなかった大阪の敬三の到着を告げると、周吉は、そうか……と頷《うなず》いていう。

「ああ、……きれいな夜明けだったァ……。ああ……今日も暑うなるぞ……」

この場面から感じられるのは、人間の死も大自然の悠久の営みの中の――不可分の一部として受け止める作者の諦観に充《み》ちた死生観だ。

葬式が終り、実の子供達が匆々《そうそう》に帰って行った後も、残ってこまごまと面倒を見てくれた原節子に、

「あんたみたいなええ人ァない言うて、お母さんもほめとったよ」

そう笠智衆がいうと、

「お母さま、わたくしを買いかぶってらしたんですわ」

「買いかぶっとりゃしェんよ」

「いいえ、わたくし、そんなおっしゃるほどのいい人間じゃありません。お父さまにまでそんな風におもっていただいてたら、わたくしのほうこそかえって心苦しくって……」

「いやァ、そんなこたァない」

「いいえ、そうなんです。わたくしずるいんです」

と、原節子は意外な言葉を口にする。見かけは完璧なように振舞っていても、心の底では人にいえないさまざまなことを考えている「ずるい」人間なのだと。

日本の女性の理想像のように描かれて来た人が、そのような内心を打ち明けることによって、一層人間的な温かみを帯びた豊かな女性像に変る。

その紀子も帰って行って、がらんとした薄暗い家の中に、やはり虚脱した姿勢で、横向きに坐っている周吉に、縁側の外から隣の細君（高橋とよ）が声をかける。

細君「みなさんお帰りんなって、お寂しうなりましたなあ」

周吉「いやァ……」

細君「本当に急なこってしたなァ」

周吉「いやァ、気のきかん奴《やつ》でしたが、こんなことなら、生きとるうちに、もっと優しうしといてやりゃあよかったと思いますよ……」

細君「なあ……」

周吉「一人になると急に日が長《なご》うなりますわい……」

細君「まったくなァ……お寂しいこってすなあ」

周吉「いやァ……」

二人の会話が、いつも一緒だった妻の不在と、主人公の孤独感を鮮明に浮び上がらせて、隣の細君が縁側から去った後の場面は、次のように続く。

。微かに溜息《ためいき》をつく室内の周吉を、やや斜めから捉えたバスト（半身像）。

　ポンポン蒸気の音が聞えて来る。

。明るく晴れた日で、前景に家々の瓦屋根が整然と並ぶ向うの尾道水道を、一隻のポンポン蒸気が、長い航跡を引いて進んで行く。

。薄暗い家の中で放心した様子でゆっくり団扇《うちわ》を動かしている周吉の横向きの坐像《ざぞう》を、引きで写した場面。

。尾道水道のポンポン蒸気が、前の画面より先へ進んでいる。

。前景の家々から、水道の向うの低い山なみまで一望に収めて俯瞰《ふかん》する広い視野の中心を占めて、ゆるやかに進んで行く小さなポンポン蒸気――。

　遠くから大きな船の汽笛が響く。


　このラストシーンを実際に観れば判明するとおもうが、画面の中のポンポン蒸気が象徴しているのは「時間」である。

　一番親しい人間が死んでも、周囲の自然と生活には一切何の変りもない。そして、時間だけが先へ、先へと進んで行く。

　その時間こそが、やがて主人公の悲しみをゆっくりと癒やして行ってくれる天然の妙薬となるのであろう。

　恐らく住まいに接している寺に長男でない、つまり僧侶の後継ぎになる必要のない子として生れ、真面目《まじめ》で成績がよかった平山周吉は、県単位で採用される地方官になり、地元の市役所にも勤務して、地道に勤勉に生き、大らかな妻と共に四人の子供を育て上げた。

　自らは妻帯することがなかった小津安二郎にとって、これが理想の夫婦像だったのである。

世界の映画監督が選ぶ史上ベストワン

『東京物語』は公開されて五十九年経《た》った二〇一二年、英国映画協会発行の映画専門誌「サイト・アンド・サウンド」が十年に一度発表する「世界映画史上ベスト作品」で、監督選出部門（ほかに批評家選出部門がある）の第一位に選ばれた。

監督選出部門に参加したのは世界中の映画監督三百五十八人で、二位は同点の『2001年宇宙の旅』と『市民ケーン』、四位以下は『8½』『タクシードライバー』『地獄の黙示録』『ゴッドファーザー』『めまい』『鏡』『自転車泥棒』という順序であった。これらの錚々《そうそう》たる名作傑作に対抗して、トップの票数を獲得したのである。

ちなみに八百四十六人が参加した批評家選出部門での順位は、アルフレッド・ヒッチコック監督『めまい』が一位、オーソン・ウェルズ監督『市民ケーン』が二位で、『東京物語』は三位。両部門の間に生じた差は、同業の映画監督ほど世界に類のない小津のスタイルの独創性を強く感じ取るからではないかとおもわれる。

映画監督と批評家ばかりでなく、小津映画には世界中にファンがいて、遠方からはるばる鎌倉・円覚寺の小津安二郎の墓を訪ねて来る。数年前に私が詣でた時も、墓前には先客として花束を持った数人の外国人男女の姿があった。

円覚寺は『晩春』に舞台とおもわせる寺院として画面に現れる。冒頭で「北鎌倉駅」と記された標識によって場所が明示され、駅のすぐ近くまで迫る森の深い緑と、大きな寺院の瓦屋根に続いて、茶室内部の光景になる。

円覚寺が北鎌倉駅に隣接していることを知る人にはそこが円覚寺内の茶室のようにおもえるであろうし、知らない人にも北鎌倉の大寺院の中の茶室と感じられるであろう。勿論《もちろん》そう受け取られることを期待して、スタジオ内のセットの茶室と繋いだ監督のモンタージュである。

曾宮紀子（原節子）、田口まさ（杉村春子）、三輪秋子（三宅邦子）の主要人物三人が登場する茶会の場面で、小津監督はこれから展開される物語の伏線（脚本はもちろん野田高梧）を敷きながら、茶の点前《てまえ》の作法を、じっくり時間をかけて端正に描く。

また中盤の――能楽堂の客席の桟敷に坐った原節子と笠智衆、それに別の桟敷にいる三宅邦子の視線の動きだけで、複雑微妙なドラマが描き出されるシーンでは、その前で演じられる観世流の能舞台が、これまたたっぷりと時間をかけて入念に写し取られる。

観客はここも鎌倉市内の能楽堂とおもうであろうけれど、実際は戦災で焼け残った数少ない能楽堂の一つ――東京巣鴨の染井能楽堂であった。

敗戦後間もない当時は電力事情が非常に悪く、撮影所でない所で照明に要する大量の電力を調達するのは容易でなかったのだが、画面はそんな不利な条件を微塵《みじん》も感じさせず、監督とキャメラマン厚田雄春《あつたゆうはる》と小津組のスタッフ全員の完全主義に支えられて、明るい舞台とやや薄暗い客席の双方の描写がバランスよく捉えられた見事なシーンになっていた。

小津安二郎がこの映画で描こうとしたことの一つは、日本人の暮しがかつて持っていた「型」の大切さであった。

そう解ったのはこちらが中年を過ぎてからのことで、敗戦から四年目、まだ日本中の駅前に闇市の喧騒《けんそう》の渦が巻き、みんな空《す》きっ腹《ぱら》を満たすだけで精一杯だった当時、昔ながらの家並みを残す北鎌倉の閑静な佇まいと、上品な和服姿の女性が集う茶会と、意味不明の動作と音声が延々と続く能舞台は、本州北端の新制中学三年生にはまるで縁のない浮世離れした別世界としかおもえなかった。

小津安二郎は、そのように日本中から規範が失われた蕪雑《ぶざつ》な時代にあって、茶道や能楽に象徴されるわが国独特の「型」の大切さと美しさを描くことに精神を集中した。

そしてそれを描く小津演出の無類の型が、今ではいかにも時代の先端を行くクールなものに映って、世界中の映画監督と批評家を惹《ひ》きつけ、熱烈なファンを円覚寺の墓にまで呼び寄せる魅力になっているのである。

小津安二郎の墓も他に類のないユニークなものだ。墓石というのは長方形のものが多いが、小津監督のは表裏・上下・左右の六面とも正方形の黒っぽい御影石《みかげいし》で作られ、表面には名前も戒名も家名も記されておらず、中央に「無」の一文字が大きく刻まれている。

「無」とは何か……というのは、禅宗の出発点であり終着点だ。ラストがいつも観客への問いかけを秘めた深い余韻を感じさせて閉じられる小津映画を象徴するものとして、これは誠にふさわしい墓碑であるとおもわれる。

見事な「紀子三部作」

原節子が主演し、小津安二郎が監督した六作のうち、『晩春』『麦秋』『東京物語』はヒロインの名前が同じであることから「紀子《のりこ》三部作」と呼ばれる。

三作とも何度観ても飽きない。観るたび新しい発見があり、感興が更に深まって、ヒロイン紀子の稀有《けう》の美しさが一層輝きを増す。

そしてめったに遭えない三つの言葉について、そういって差支えない、と感ずる度合が少しずつ強まって来る。それは「奇跡」「不滅」「完璧」の三語だ。

原節子と小津安二郎が出会っていなければ、日本の映画史は、いや、世界の映画史は「紀子三部作」を持つことがなかった。その部分がぽっかり空白になるのである。そう考えれば、二人の出会いは奇跡であったとしかいいようがない。

既に黒澤明監督『わが青春に悔なし』と、吉村公三郎監督『安城家の舞踏会』の主演で、戦後の日本映画を代表する大スターになっていた原節子と、敗戦直後の不調から脱しきれていなかった小津安二郎が、初めて顔を合せた時の模様を、『晩春』の製作者山本武はこう語る。

——原さんを見たとたん、ポーッと小津さんの顔が赤く染まった。

「節ちゃんて美人だなあ」

小津さんはあとでそういった。たしかにそのときの原さんは類《たぐ》いまれな美女だった。この世にこんな美人がいるのかと私は思った程だ……。

この時小津安二郎は、一目で少年のような恋に落ちた。私がそう考えるのは、戦前に松竹の蒲田撮影所にいて、戦後の大船撮影所の内部にも詳しかった脚本家の猪俣勝人《いのまたかつと》もまたこう書いているからである。

「終生の独身者小津安二郎が、原節子と話し合うときふと何かの拍子にポーッと顔を赤らめるときがあったと、『晩春』のプロデューサー山本武がぼくに語ったことがある。それは何《な》んと美しい情景かと思う」

続く『麦秋』の撮影中に、小津安二郎と原節子は結婚するのでは……という噂《うわさ》が、撮影所の内部と映画ジャーナリズムの間で囁《ささや》かれた。

それが噂だけで終ったことを日本映画のために、いや世界映画のために喜びたい。万が一そうなっていれば、われわれが不滅の名作『東京物語』を観ることはなかったに相違ない。

——秘すれば花なり、秘せずば花なるべからず。

世阿弥が『花伝書』で、能の奥義、秘伝として述べたこの言葉は、「紀子三部作」にもぴったり当て嵌まる。

本稿の冒頭で、『晩春』における原節子の演技を評して「完璧」という言葉を遣ったが、それを大袈裟《おおげさ》と感じた人は、紀子と父親が同じ桟敷、知合いの未亡人が別の桟敷に坐って、観世流の能舞台に接する場面を、もう一度観直してみて頂きたい。

その人はそれまでの美人スターが、一カットごとに示す完璧な表情（＝感情）によって、不世出の大女優に変身する過程を、まざまざと目の当りにすることになるだろう。

小津映画で、原節子の端正な表情と姿勢は、概《おおむ》ねクロースアップに近いバストショットで截《き》り取られる。それは原節子の内に秘められた魅力と可能性を、余す所なく引き出そうと、芸術家小津安二郎が日本の女性の理想像として描き出した稀代《きたい》の肖像画である。

『東京物語』の紀子は、戦死した次男の未亡人で、実の子供以上のおもいやりを義理の老父母に示して、中盤から日本の伝統的な家族関係が壊れて行きそうな予感に肌寒さを感じていた観客の胸底に、温かい明りを点《とも》す。

これは「永遠の処女」と呼ばれて、独身であることが世間周知の原節子であればこそ、切実なリアリティーを感じさせる話なので、もし、小津安二郎夫人になっていれば、『東京物語』は成立しない。

昭和三十八年十二月十二日、小津安二郎が六十歳の誕生日に世を去った時、通夜に駆けつけて慟哭した原節子は、葬儀の記帳を本名の會田昌江で行ない、公《おおやけ》には一度も発表したことがなかったけれど、これが事実上の引退宣言となり、以後世間から殆《ほとん》ど姿を消して、昭和の伝説と化した。

しかし、今ではＤＶＤのおかげで、観ようとおもえば何時《いつ》でも、誰でも稀代の肖像画の前に立つことが出来る。

第十一章◉木下恵介

「理由なき殺人」を被害者の立場から描く

誰でもいいから殺したかった……という理由なき殺人が跡を絶たない。わが国のメディアで最初にこの問題を報じたのが、昭和五十三年三月号の「中央公論」に掲載された佐藤秀郎《さとうひでお》の長篇ノンフィクション『衝動殺人』で、それを映画化したのが木下恵介の『衝動殺人　息子よ』である。

木下恵介は、昭和二十年代から三十年代にかけて、軽快な都会派喜劇『お嬢さん乾杯!』、日本最初の総天然色映画『カルメン故郷に帰る』、社会派の鮮烈なドキュメンタリー・タッチで観《み》る者に衝撃を与えた『日本の悲劇』、学園闘争での女子学生の群像を各々個性的に浮び上がらせた『女の園』、壺井栄の小説を原作に小豆島《しょうどしま》を舞台にして十二人の小学校生徒と女教師の師弟関係を描いた『二十四の瞳』、日本列島の四季を背景にした灯台守の物語『喜びも悲しみも幾歳月』、深沢七郎の原作を歌舞伎仕立てで映画化した野心作『楢山節考《ならやまぶしこう》』等の多彩な作品で高い評価を得て、非常に多くの観客を引き付けた監督だが、この頃は映画界から離れていた。

昭和三十九年に念願の企画の映画化を会社に断られたのが原因で、長年のホームグラウンドであった松竹大船撮影所を辞め、「木下恵介プロダクション」を設立してテレビへの転進を図り、TBSを舞台にしてテレビドラマの制作に専念していたのである。

映画『衝動殺人　息子よ』が実現するまでの経緯は、映画館の入場者数が全盛期の七分の一にまで落ち込んでいた斜陽の当時としては奇跡的であったとさえおもえる。

きっかけの一つは、その年の春にTBSが放映した市川崑監督『犬神家の一族』、佐藤純彌監督『新幹線爆破』が、三十〜四十パーセントという予想外の高視聴率を挙げたことで、これによってTBSには（放映用の洋画のストックが底をつき出していたこともあり）映画会社と提携して劇場映画の製作に乗り出そうという気運が生れ、TBSから木下恵介プロダクションに出向していた飯島敏宏プロデューサーに、山西由之社長はこういった。

「木下監督に、本当に撮りたい映画を撮って貰《もら》え。予算は用意する。ただ客が来ればいいというのではなく、社会的にも何か意義のあるものを作って貰いたい」

それに対して、木下恵介が出したのが『衝動殺人　息子よ』の企画であった。TBSと松竹の共同製作にふさわしい作品の題材を探すうち、数箇月前の「中央公論」に載っていた佐藤秀郎のノンフィクションを読んだかれは、どうしてもこれを映画にして、社会に訴えなければ……という使命感と義務感に駆り立てられた。

現実に起った事件を基にしたストーリーはこうである。ある夜、一人の青年が路上で見ず知らずの少年に刺されて命を失った。

「誰でもいい、行きあたりばったりぶつかった奴《やつ》を殺してやろうと思った」

これが刺した少年の動機であった。鉄工所の経営者の一人息子で、ごく間近に結婚を控えていた真面目《まじめ》一方の青年は、息を引き取る前、父親にしがみついて「父さん、口惜《くや》しいよ。こんなことで死ぬなんて……。仇《かたき》は、必ず取ってくれ」といい遺した。

全くおもいもかけなかった事件で、最大の生き甲斐《がい》を奪われ、絶望した父親は食事も喉を通らず、鉄工所の仕事をする意欲も失って、自らの死を願うほど完全に虚脱した状態に陥った。

それでも裁判の傍聴に行くことになった時は、密《ひそ》かに出刃包丁を隠し持ち、裁判所の廊下で出会った犯人の少年に、いきなり斬りかかって取り押さえられる。

七回にわたる審理の末、下された判決の主文は、犯人が未成年であるため、「被告人を懲役五年以上一〇年以下に処する」というものだった。それを聞いた傍聴席の父親は、声を振り絞って叫んだ。

「こんな馬鹿な！　殺された者はどうなる。法律が間違っている」

間違った法律には、正しい法律で対抗しなければ……。小学校を出ただけで、難しい本など読んだこともない父親は、辞書と首っ引きで法律の独学を始めた。そして気をつけて新聞の記事を切り抜いて行くと、理由なき殺人の被害者は、全国で驚く程の数に上っていることが解《わか》った。

恵まれない家庭に生れ育った父親は、妻と一緒に苦労して一代で築き上げた鉄工所を売り払い、それを費用にして、法律と行政から見捨てられ、時には世間から差別を受けている被害者の遺族を訪ね歩き、一家の働き手を失って困窮している人達の救済を主な目的にした「犯罪被害者補償制度」を成立させようとする全国行脚を続けた。それが亡き息子の遺言を生かす本当の仇討ちであると考えたからだ。

最初は孤立無援で、心ない誤解や誹謗《ひぼう》に曝《さら》されることも少なくなかった長年の闘いの末、とうとう過労で倒れた父親は、念願の法律が成立する前に世を去った。

最初にこの物語を知らされた時、興行的成功を期待できるとおもった人はまずいなかったろう。特に映画界に多かったのは、常に被害者の側に立つ木下ヒューマニズムは過去のもので、木下恵介はもう終っている……という声であった。

実際に完成された映画を観ると、雪の上越、晩春の瀬戸内、林檎《りんご》の花咲く信州、更に京都、大阪から夏の九州に到《いた》るまで、日本の四季の風景が丹念に撮られており、苦労して全国行脚を続けた主人公の足跡を辿《たど》るためには欠くことのできないロケーションであるけれど、木下映画独得の地方色の多彩な描出が、地味で単調な物語に変化を齎《もたら》すと共に、問題の普遍性を浮び上がらせる効果も挙げていて、成程、シリアスな原作を読んだ時から、惠介の脳裡《のうり》にはこのような映像がおもい描かれていたのか……と頷《うなず》かされる。

俳優陣についていえば、「この映画が最後の作品になるかもしれない」と木下が示唆したせいもあって、父親に若山富三郎、母親に高峰秀子、息子に田中健、身勝手な殺人者の犠牲となった被害者の遺族に藤田まこと、吉永小百合、中村玉緒、田村高廣、脇を支える助演陣に加藤剛、花沢徳衛、小坂一也、尾藤イサオ、近藤正臣、高岡健二と、何《いず》れも適材適所の魅力的なオールスター・キャストが組まれ、中でも最愛の息子を失った父親の並々ならぬ執念を鬼気迫る入魂の技で演じた若山富三郎は、この年の日本アカデミー賞、ブルーリボン賞、キネマ旬報賞、毎日映画コンクールの主演男優賞を総なめにした。

昭和五十四年の九月に封切られた映画は、興行的にも多くの人の予想を大きく越える長打となった。

撮影に入る前、監督は製作意図として、理由なき殺人の恐ろしさは「今日を平和に生きる人の周囲に、青天の霹靂《へきれき》の如《ごと》く、明日はわが身として待ち構えているのかもしれない」と述べた。

そしていま『衝動殺人　息子よ』を観直すと、今から三十数年前、当時すでに古いといわれながら、徹底して被害者の側に立って、身勝手で理不尽な殺人者への怒りを痛烈に訴えた木下恵介の洞察力が、どれほど時代に先駆けていたものであったかを痛感せずにいられない。

先生と生徒の一期一会の出会い

名作として知られる『二十四の瞳』が公開されたのは昭和二十九年。まだわが国の戦後の経済成長が始まる大分前だから、焼け跡の痕跡が到る所に残って国中が貧しかった封切当時にスクリーンで観て、その後も再上映やビデオテープやＤＶＤで何度も鑑賞を繰り返した私と、日本が豊かになってから初めて接した人とでは随分印象が異なるだろう。

描かれる時代は戦前で、高峰秀子が演ずる新任の大石先生が、小豆島の岬の分教場での入学式を終えた後、最初の授業で新入生の出欠を取る場面から、私は胸が微妙に波立つのを抑えることができない。なぜなら大石先生に名前を呼ばれて「ハイッ」と答える生徒達のその後の運命を、こちらは既に熟知しているからだ。

「竹下竹一くん」と呼ばれて返事をする見るからに利発そうな子は、家が生活に困らない米屋の後継ぎで、中学に進ませて貰えたのに、やがて小学を卒業する頃からの志望であった陸軍幹部候補生の試験に合格し、将校になって戦死する。下士官になれば月給が貰えるからと軍人を志願した森岡正も、教室で一番目立つ憎まれっ子の相沢仁太も出征して戦死し、岡田磯吉は戦傷者となって視力を失い、五人の男子の中で戦場から無事に戻って来るのは徳田吉次ただ一人なのである。

目の大きさが印象的な川本松江は、小学校を卒業する前に母を失って奉公に出され、修学旅行で金比羅《こんぴら》参りに行った大石先生と意外な姿で再会し、組で一番勉強が出来たのに、家が貧しくて上の学校へ進めなかった片桐コトエは、肺病になって奉公先から帰され、家の納屋に一人放置されて早世する。

そうした運命が先に待っているとも知らず、大石先生に呼ばれて「ハイッ」と返事する子供の健気《けなげ》でいじらしい表情は、オーディションで選ばれた子役達にとって、生涯にその年齢のその時一度しか出来ないものであった筈《はず》で、ということは演出した惠介にとっても、その時を逸したら二度と出来ない撮影であったろう。そういう意味でこれはまさしく「一期一会」の映画であったといってよい。

木下惠介の作品には、常に弟の作曲家木下忠司の曲を生かす音楽映画の性質があるのだが、『二十四の瞳』は撮影に入る前、今度は「小学唱歌」で行こう、という惠介の提案を受けて、忠司は自分の立場を編曲者の範囲に止《とど》めることにした。

映画はまずタイトルバックに、昔の小学校の卒業式には必ず歌われて日本中知らない人がいなかった『仰げば尊し』の旋律が流れ、途中からそれが少女の声の合唱に変り、冒頭の小豆島の風物を紹介するシークエンスでは、スコットランド民謡『アニー・ローリー』（小学唱歌『才女』の元歌）の旋律だけが流される。

「昭和三年四月四日」と時代を明示する字幕が入って、最初に出て来る小学唱歌は、遠い道の向うから列を作って登校する生徒達が元気よく「♪暫時《しばし》もやまずに　槌《つち》打つ響き……」と合唱する『村の鍛冶屋《かじや》』で、大石先生が島内の道を颯爽《さつそう》と自転車で登校する場面の音楽は、今日もなお歌い継がれる日本人に最も愛された小学唱歌『故郷《ふるさと》』。そしてこの映画のいわば主題歌となるのが、野口雨情作詞・本居長世作曲の童謡『七つの子』（「からす　なぜ啼《な》くの……」）である。

この映画の木下恵介の演出が、いかに粘り強く、かつ才能に満ち溢《あふ》れていたかを示すために、幾つかの場面を選んで詳しく紹介することにしよう。

かれは小豆島の自然を人間と同格の主役とし、自然と人間が一体化して見えるような映画を撮ろうとした。しかし小豆島の風景は、キャメラマンの楠田浩之《ひろし》にとって難物であった。温和で伸びやかな好ましい景色なのだが、撮影期間に選んだ春には全体にぼうっと靄《もや》がかかって、よほど晴れた日でなければなかなかすっきりした画《え》が撮れない。ではピーカンならいいかというと、木下映画は空に必ず雲を必要とするのである。

風景も主役なので、最適の天候を待ち続けてロケ日数は三箇月に及び、フィルムの消費量はどんどん増えて十万フィートに達した。完成尺数の七倍で、当時のプログラムピクチャーは二倍程度が普通であったから、これは相当以上に多い。

多量のフィルムは風景のほか、子供達の望ましい表情を撮るために費やされた。例えば足を怪我《けが》して松葉杖《まつばづえ》を突いた大石先生と、岬から見舞いに行った十二人の子供達が浜辺に並んで、作品のキーポイントともなる記念写真を撮る場面——。子供達がそれぞれの人生を象徴するような、本当に印象深い顔をしている。監督が望んだ十二通りの表情を、一枚の写真の中でぴたりと合致させるためには、やはり少なからざるNGを必要としたに違いない。

いつもお下げ髪の額にかけた前髪を綺麗《きれい》に切り揃《そろ》えていて、学校を卒業する前に大阪へ奉公に出された川本松江と、修学旅行で高松に行った大石先生が再会する場面は、こんな風に描かれる。

金比羅参りをした後、気分が悪くなった大石先生が、熱いうどんでも食べたら回復するのではないかと、高松港に近い通りで適当な店を探すうち、聞覚えのある声に惹《ひ》かれて入った大衆食堂にいたのが、松江であった。その姿を一目見た瞬間、大石先生が受けたであろうショックを、観客はわがことのように感ずることが出来る。

松江は、桃割れの前髪を額に垂らして切り揃え、派手な髪飾りをし、矢絣《やがすり》の大きな柄の着物に（白黒だから何色かは解らないが、たぶん）派手な色の襷《たすき》をかけ、派手な前掛けをして立っている。少女なのに如何《いか》にも水商売風の恰好《かっこう》で、どこか印刷がずれた絵でも見るような不自然な印象だ。高松から瀬戸内海の島々へ出る船の波止場に近い場所だから、夜になると酒を商う店でもあるのだろう。

言葉を交し始めた大石先生と松江の間に割って入る店の女主人に扮《ふん》した浪花千栄子が、したたかで油断のできないやり手の印象を観る者に鮮明に与えて、松江が置かれている境遇がどんなものであるかを示唆するシーンには、『七つの子』の旋律が低くゆっくりと流れて、小学校の頃と現在の松江との違いを、対位法的に浮び上がらせる効果を挙げている。

店を出た大石先生を追いかけた松江は、先生がかつての級友と一緒にいる姿を目にして、あわてて物陰に身を隠す。ここで『七つの子』のメロディーは、「♪からす　なぜ啼くの　からすは山に……」と少女の声の合唱に変る。

前髪の下の大きな目から涙をこぼす松江のアップに続いて、そこから移動撮影が得意な惠介の至芸を示すシーンになる。

最初は海岸の道に立ち、大石先生と級友達を乗せた船を見送ろうとしている松江の後ろ姿を、キャメラはフィックス（固定撮影）で映すから、観客の視線は自然に画面の左側から出て来て右へ進む船の動きに向けられる。

少し間を置いて、松江は右に歩き出し、それにつれてキャメラも移動を始め、目の前の松江と、遠くの海上を行く船の動きが、しばしの間ぴたりとシンクロして進む。

松江が立ち止まると、キャメラも移動をやめて静止するので、観客は画面の右へ消えて行く船影と、嗚咽《おえつ》する松江を交互に見ることになる。ここで松江と一緒に泣かずにいられる観客は、よほど強靭《きょうじん》な神経の持主といわなければならないであろう。

そのシーンと並んで哀切を極めるのが、大阪の奉公先から帰されて来た片桐コトエを、大石先生が見舞う場面だ。その時、肺病のコトエは、納屋の一隅に寝かされ、小学一年の時に大石先生を囲んでみんなと一緒に写った記念写真を枕元に置き、それを見ながら間近に迫りつつある死を迎えようとしていた。

コトエは「先生、わたしもう長くはないいんです」と告げ、振り絞るような声で「先生、わたし苦労しました」というと、大石先生も声を詰まらせ、「そうね、苦労したでしょうね」と、ハンカチを目に押し当てる。

当時の観客は、ただこれだけの会話で、全ての事情を察し、画面の中のコトエ、大石先生と共に涙を流した。組で一番勉強が出来たのに、上の学校へ進むことが出来ず、給金で嫁入り道具の着物を揃えるために行った奉公先で、日本中の到る所に非合理な封建性が色濃く残っていた当時、どれほど筆舌に尽し難い苦労を味わわされたか……、詳しい説明をされなくても、みんな解って泣いたのである。

自分の運命を自分ではどうすることも出来ず、親にも見捨てられ、いま短い人生を終えようとしている娘にとって、自分のために心から泣いてくれる人が一人でもいるというのは、どれほどの慰藉《いしゃ》になったことだろう。

作中の人物も作者も観客も、みな同じ感情に結ばれて涙を流す。これが木下映画の精髄で、当時の観客は体の底から込み上げて来る涙によって、自分も味わっていた悲しみや苦しみを洗い流し、次の日からの辛《つら》い現実を生き抜いて行く力を蘇《よみがえ》らせて来たのだった。

日本の原風景

敗戦から未《いま》だ九年しか経《た》っていない当時の日本人は、どうしてあれ程までに深くこの作品に引き付けられたのか、ハリウッドのCG合成に使われる新技術によって修復され、画調が格段に向上して封切時の映像に近づいた『二十四の瞳　デジタルリマスター2007』を、IMAGICA試写室のスクリーンで観て、その理由が解った気がした。

「昭和三年四月四日」と物語の起点を明示して始まる映画は、海も山も野も、みんな着物をきていた親や子供達も、何もかも戦争が始まる前の穏やかな日本の原風景をまざまざと映し出す。

現実には米軍機の大空襲と原子爆弾で、国中が無残に破壊され、焦土と化した廃墟《はいきょ》から、ようやく復興の緒につき始めた頃であったのに、ここ小豆島の辺鄙《へんぴ》な岬の村の佇《たたず》まいは、まるで時間が停《と》まったように、昔と全く変っていない。

国破れて山河あり。

ああ、私達のふるさとは、貧しくはあったけれど、こんなにも美しかったのか……。観客はそう感じて、目と心を洗われ、さまざまな傷の痛みを幾分なりとも癒やされた気持になった。

敗戦直後の日本人は、極東軍事裁判の日本原罪史観＝贖罪《しょくざい》史観を、大新聞とラジオの報道を通じて徹底的に刷り込まれ、自分達の祖国を素直に愛する気持を、すっかり見失っていた。

『二十四の瞳』はそれに対し、昔の日本には不幸や悲しみが沢山あったけれど、こういう清々《すがすが》しい美しさも間違いなく存在したと伝えたい木下惠介の――胸奥の実感に発した映画で、だからこそ観る者は、自分達の根底をなす故郷と母国を愛する心を呼び覚まされて、あれ程の国民的共感が生じたのに違いない。

子供達の学校生活の描写で、最も時間が割かれるのは、大石先生に導かれて、明るい陽光の下でみんな体を元気一杯に動かして遊戯をし、おもいきり声を張り上げて童謡を合唱する姿だ。

大石先生は遊戯と唱歌と童謡によって、児童の感官を成長させ、情操を育むことに何よりも力を注ぐ。だから子供達はあんなに先生に懐いて、先生が足を怪我して学校を休んだ時は遥《はる》か海の対岸まで訪ねて行くほど慕ったのだ。

そこには戦前の初等教育の中の美点が示されているといってよいであろう。

主に西洋の楽曲の旋律に、独自の卓抜で絶妙な日本語の歌詞をつけて、明治十四年から刊行が開始された『小学唱歌集』（文部省音楽取調掛編）が、わが国の児童の情操教育と道徳教育に果した役割は、今では考えられないくらい大きなものがあった。

西洋の音楽に学ぶところから出発した唱歌教育に欠くことの出来ないオルガンの国産に初めて成功した浜松に生れ、小学校で鈴木三重吉が発行する童話童謡雑誌「赤い鳥」の理想に共鳴する担任教師の熱心な薫陶を受けて育った木下惠介は、戦前のわが国の独得な精神風土の形成に少なからざる好影響を及ぼした初等音楽教育の重要な価値を、心身ともに実感していたからこそ、今度は「小学唱歌」で行こう、と忠司に提案したのに違いない。

戦前において初等教育の核心をなしていたものは、生徒とその親が共有していた教師に対する尊敬の念で、それを象徴するのが、映画冒頭のタイトルバックから聞えて来る文部省唱歌『仰げば尊し』である。

明治十七年に始まるこの歌は、長く作者不詳とされてきたが、桜井雅人一橋大学名誉教授の調べによって、原曲はアメリカのものであることが判明した。しかし原詞の中に

「仰げば尊し　わが師の恩」に当る言葉はなく、文部省音楽取調掛に出仕していた国語学者大槻文彦（辞書『大言海』の編纂《へんさん》者）ほかによる日本語の歌詞に籠められた主題は、明らかにわが国独自のものと認められる。

この映画の重要な側面は、日本の古き良き部分への郷愁であり、観客もまた当時は心身に備わっていた同質の感受性で、作者が伝えようとした意図を正確に感じ取った。

遊びをせんとや生れけむ……。その先の自分にどういう運命が待ち受けているかを知らず、まるで遊び戯れるために生れて来たのを示すが如く、子供達が澄んだ天使の声で精一杯歌う小学唱歌と童謡に、観客は深く心を動かされて、自分達も懸命にそれに合せ、幼い頃から体に染みついた同じ歌を胸の中で歌って、戦前の平和な日本に存在した古き良き部分を心の底から懐かしみ、いとおしんでいたのである。

歌舞伎仕立てのミュージカル

批評眼の厳しさに定評がある作家正宗白鳥に絶賛されてベストセラーになった深沢七郎の処女作『楢山節考』を映画化するに当って、木下惠介が考え出したのは、昔の極貧の山村の暮しの中から生れた民話と伝説の雰囲気を生かすために、得意のロケーションを一切行なわず、老母おりんの家と村の佇まいから、田圃《たんぼ》や森、山や川に到るまで、全て人工のセットで作り上げ、空は書割で描き、全体のスタイルを歌舞伎の様式で統一するという誠に途方もない、おもい切った構想であった。

　木下作品には、基本的に音楽映画の性質があるが、この映画で重点を置いたのは、義太夫の語りと長唄の歌を導入部とし、あとは器楽としての三味線の独奏をボリュームたっぷりに生かして映画音楽とすることだった。

　早く楢山へ行きたい、と願うおりん（田中絹代）と、それを出来るだけ先延ばしにしたい孝行息子の辰平（高橋貞二）、向う村から後添えに来た気立てのいい玉やん（望月優子）、早くお山へ行ってしまえ、と罵る自分勝手な孫のけさ吉（市川團子）、楢山参りを嫌がる隣家の年寄り又やん（宮口精二）と乱暴者のその倅《せがれ》（伊藤雄之助）等の織りなす人間ドラマが、中盤までに描かれた後――。

　ついに辰平が背負子《しょいこ》におりんを載せ、楢山参りに出発する夜更けの場面は、杵屋《きねや》六左《ろくざ》衛門《えもん》の哀切極まりない長唄から始まる。

　辰平がおりんを背負って、楢山に通じる里の道、山道、谷間の道、林間の道を行く道筋には、長唄の細棹《ほそざお》の三味線と笛の音が嫋々《じょうじょう》たる情緒を醸し出し、途中の風景を全てセットで作り上げた美術、および照明、撮影のスタッフ全員の技量と、俳優の演技、監督の演出が渾然《こんぜん》一体となって、その芸術的な感興の深さは比類がない。

　白骨が累々として散乱し、中に烏《からす》が点在して動く山頂への入口に辿り着いたところで、三味線の音が長唄の細棹から、義太夫の重厚感と弾力感に満ちた野澤松之輔の太棹へと劇的に変る。

辰平がおりんを山頂の一隅に置き、階段でいえば「踊り場」の七谷《ななたに》まで戻って来たところで、まだ楢山参りに抵抗している又やんと倅が、崖の上で争っている一場があり、父親を谷に突き落とした倅も、辰平と揉《も》み合った弾みに転落するという（原作にはない）出来事をピリオドにして、雪が降って来る。

大急ぎで山頂の付近まで駆け戻った辰平は、母親に対して楢山参りにおいては禁断の声を発し、

「おっ母《か》ぁ、雪が降って来て運がいいなあ」

と、泣きながら叫ぶ。雪に埋れて凍死すれば、死に至るまでの苦しみが軽減されるからだ。

ロングショットの構図で、向うに小さく雪をかぶって端座し、合掌しているおりんは、まさに家族の幸せのためにのみ生きた昔の多くの母親を象徴する姿で、本当に生き仏と見え、生きながら神に化しているようにも見える。おりんへの痛切な鎮魂の調べが感じられるこの神秘的な場面こそ、木下恵介の全作中の絶頂と称すべきものだ。

手招きとは逆の動作で、帰れ、帰れ、と指示する田中絹代の入神の演技は、永遠の象徴へと昇華され、十五キロ減量して憔悴《しょうすい》した高橋貞二の抑制がきいた好演も、一世一

代のものといわなければならない。

泣きながらまるで欣喜雀躍《きんきじやくやく》するような恰好で山を駆け下りる辰平の動きに、野澤松之輔の太棹三味線の超絶的な撥捌《ばちさば》きと圧倒的な音色が、頗《すこぶ》るダイナミックに拍車をかける移動場面が次々にアングルを変えて展開されるクライマックスに到って、観る者の映画的興奮と感動は最高潮に達する。

これは日本にしか作れないミュージカルの傑作で、楢山参りの往復のシークエンスは、わが国の映画芸術の一つの到達点といえよう。

昭和三十三年六月一日に封切られた映画は、会社も驚く程の大ヒットとなり、松竹ではこの年一本立てとしては首位の興行成績を挙げ、作品的にも「キネマ旬報」ベストテンで二位に大差をつけて第一位に選ばれた。

日本人の優しさとそれと裏腹の厳しい現実

晩年、テレビの現場を離れ、映画も撮れずにいる間に、木下惠介の名前は驚く程の早さで遠い過去のものになって行った。

海外における黒澤明と小津安二郎の声価は高まる一方であるけれど、木下惠介を知る人はごく少数に限られ、国内でもすっかり忘れ去られた観がある。

かれの映画にはそれだけの価値しかなかったのだろうか。

築地本願寺で行なわれた木下惠介の葬儀で、弔辞を読んだ山田太一（松竹時代は木下組の助監督でテレビに移ってから脚本家として一本立ちした）はこう述べた。

「日本の社会はある時期から、木下作品を自然に受けとめることができにくい世界に入ってしまったのではないでしょうか。しかし、人間の弱さ、その弱さがもつ美しさ、運命や宿命への畏怖、社会の理不尽に対する怒り、そうしたものにいつまでも日本人が無関心でいられるはずがありません。ある時、木下作品の一作一作がみるみる燦然《さんぜん》と輝きはじめ、今まで目を向けなかったことをいぶかしむような時代がきっとまた来ると思っています」

私もこの考えに同意する。日本の風土の美しさ、日本人の心根の優しさとそれと裏腹の厳しい現実を描いた木下作品を評価する時代が何時《いつ》か訪れるとおもうのだ。

海外へのアピールに関していえば、黒澤明、小津安二郎の映画は、ともに世界で他に類を見ない鮮明なスタイルが一貫していて、独自の個性を積極的に主張する魅力に富んでいる。

それに対して木下作品は、全四十九作の大半がそれぞれ違ったスタイルで撮られているので、リアルタイムで観て来た観客でさえ自己同一性が認めにくい。

また木下惠介の特徴である実験性と芸術性が見事に一致した最高傑作の『楢山節考』

が、原作者の著作権との関係で、ずっと再上映やテレビ放映が行なわれず、ビデオ化もされずに長く忘れられていたことが、かれにとっては不運であった。

木下映画の題材と舞台が頗《すこぶ》る広範囲にわたったのは、稀《まれ》に見る美しさや素晴らしさと共に、決して見過ごすことの出来ない欠点や矛盾も数多く内包する日本という国をまるごと描こうとしたからである。

美点を歌い上げながら欠点の認識も忘れない。それこそが望ましい未来へ通じる道であろう。木下恵介の映画はそういう日本の現実を、あるときは喜劇的に、あるときは抒《じょ》情《じょう》的に、あるときは社会派的に、光の部分と共に影の部分も見逃さずに描き出す——実に多彩で多角的な興趣に富む作品世界なのであった。

第十二章◉美智子皇后陛下

ご成婚の日の朝

皇后陛下になられてから既に四半世紀の年月が経《た》つのに、それに先立つ皇太子妃時代の数々の印象が非常に鮮明に残っているので、まずその最初の記憶から語り始めたい。

昭和三十四年四月十日、ご成婚の日の未明、品川区東五反田の高台（通称「池田山」）にある正田邸門前には、大勢の報道陣が円陣を作ってぎっしりと詰めかけており、週刊誌記者の私もその中の一員として、間もなく皇太子妃となるため皇居へ向う人の早朝の出発を待っていた。

この朝の空模様の変化は劇的であった。前夜からの雨が明け方に止《や》み、雨雲が薄れて細かく千切れ、全天に広がった鱗雲《うろこぐも》の断片を地平線から昇る朝日が黄金色に輝かせて、瑞雲《ずいうん》棚引くといった感じの壮麗な眺めを見せた後、やがてその雲も一つ残らず消えて、見渡す限りの晴天となった。

正田邸の門構えは、向って右側の奥まった玄関から無蓋のポーチに出て、正面に長い幅を取って並ぶ二本の低い門柱の間から、広い石段を少し下りて道路に出る形になっている。

午前六時半頃、正田英三郎、冨美夫妻と、兄、弟、妹に囲まれ、ピンクのローブモンタント、同色の帽子、明るい灰色のハイヒール、ミンクのショールという姿で現れた美智子さまは、広い門口のポーチ前面に立ち、まず報道陣の中央に向って会釈をされた。それから微妙な動きで顔の向きと姿勢を少しずつ変え、報道陣の輪の右端から左端まで真《ま》っ直《す》ぐに視線を向けられた。

自分を目立たせるというより、広い角度からレンズを向けているカメラマン全員に対しての配慮であるとおもわれ、気品に満ちたその容姿と落着いた挙措を目にした時、私の胸中に湧き上がって来たのは感銘と呼ぶしかないものであった。

そのあと山田東宮侍従長、牧野東宮女官長らがお迎えに来ていた車に乗って池田山を離れ、二重橋を渡って皇居に入り、二時間かけて髪を「おすべらかし」に結い上げて装束を調え、賢所《かしこどころ》で執り行なわれた婚儀を終えて、おすべらかしを解きほぐして洋髪に戻し、衣裳《いしょう》も十二単衣《ひとえ》からローブデコルテに替えて、天皇、皇后両陛下にまみえる朝見の儀に臨まれ、ご成婚の儀式が全て滞りなく済んだあと、宮内庁正面玄関前から無蓋の儀装馬車の座席に皇太子殿下と二人だけで乗り、前後を四十八騎の皇宮警察と警視庁の騎馬隊が警護して、青山の東宮仮御所まで八・八キロの道を進む祝賀パレードが始まった。

二重橋を渡ったお馬車が祝田橋《いわいだばし》通りへ出た所で、馬場先門側の人垣から飛び出した少年が投げつけた石が馬車の脇腹に当り、更に駆け寄った少年は走行中の車の縁に手をかけステップに飛び乗って車内に乗り込もうとした。

少年の方から、馬車の中の位置は美智子妃が手前で、皇太子は向う側であったが、美智子妃は咄嗟《とっさ》に皇太子の方に身を寄せて伏せる姿勢になり、それは結婚したばかりの夫君を頼って縋《すが》る気持と、身をもって皇太子殿下を守ろうとする気持の双方が、一瞬のうちに合致して生じた体勢であるようにおもわれた。

その場面を、私はテレビの実況中継を繰り返し再放送した映像で見たのだが、突発的に起きた事件であっただけに、美智子妃の身についた精神的な姿勢を鮮明に示すものとして忘れることができない。

少年はお馬車に乗り込む寸前に、警護の警察官数人によって取り押さえられたが、皇太子ご夫妻が皇室に反感を抱く若者に襲撃される事態はその後もあり、二度目は昭和五十年七月の沖縄訪問の際に起った「ひめゆりの塔事件」であった。

皇族による戦後初めての沖縄訪問は、皇太子が沖縄の本土復帰後三年目に開催された国際海洋博の名誉総裁に就任したことによって実現したのだが、訪沖が発表されると

「皇太子沖縄上陸決死阻止」をスローガンに掲げる左翼過激派の反対活動が起って、現地は不穏な空気に包まれ実力行使さえも懸念された。

しかし長年に渉《わた》って皇室報道に携わったジャーナリスト河原敏明の著書『美智子妃』によれば、学習院高等科時代から沖縄が戦中戦後に体験した苦しみに深く心を痛めていた皇太子の「たとい石を投げられてもいい、私は行きます」という決意の表明によって予定通り実行され、糸満市の「ひめゆりの塔」への献花と慰霊の弔問が、訪問初日のスケジュールの劈頭《へきとう》に組まれた。

ひめゆりの塔とは、大戦の末期に看護要員として動員され、集団自決という悲壮な最期を遂げた県立第一高女、沖縄師範女子部の生徒と職員二百二十四人を合祀《ごうし》した慰霊塔で、その背後に犠牲者が籠っていた陸軍病院第三外科の地下壕跡の深い穴がある。

十七日の昼過ぎに日航特別機で那覇空港に着いた皇太子ご夫妻を乗せた車が、日の丸の小旗を振る歓迎の人波が両側に連なる糸満市内の道に入った時、沿道の病院に患者を装って入院していた活動家二人が「皇太子帰れ、天皇制反対」と叫んで、三階のベランダから投げたガラス瓶やスパナ、石などが警備の車輛《しやりよう》に当った。

ひめゆりの塔へ到着された皇太子ご夫妻が、碑前に献花し頭を垂れて弔意を表した後、沖縄県女師・一高女ひめゆり同窓会長源ゆき子さんの説明を聞かれようとした時、前日から第三外科地下壕跡の深い穴の底に潜み、携帯ラジオの中継放送で皇太子ご夫妻の到着を知った活動家二人が、用意していた梯子《はしご》を攀《よ》じ登って地上に現れ、皇太子ご夫妻の足元付近を目がけて投げつけた火焔瓶《かえんびん》は、ご夫妻の二メートル前にあった献花台に当って焔《ほのお》を発した。

この時現場にいた警備関係者は、美智子妃が素早く半歩前に出て片手を掲げ皇太子殿下を庇《かば》おうとした姿を記憶している。身近にいた皇宮警察の警官数人と関係者は全員でご夫妻を守って現場を離れ、お車の方へと導いて行ったが、危険を脱したと解《わか》った時、皇太子が最初に口にされたのは「(説明に当っていた）源さんは大丈夫か」という言葉で、途中で地面に倒れて軽い打撲傷を負った美智子妃も「どなたも怪我《けが》はありませんでしたか」と周囲のことを案じられた。

このような事件があったのに、その後の予定に変更はなく、ご夫妻は戦後沖縄で最初に建てられた慰霊塔である「魂魄《こんぱく》の塔」、沖縄師範の男子部生徒によって編成された鉄血勤皇隊の霊を祀《まつ》る「健児の塔」、沖縄戦終焉《しゅうえん》の地である摩文仁《まぶに》の丘の頂に建てられた「黎明《れいめい》の塔」、島田叡《しまだあきら》知事と県職員の霊を祀る「島守の塔」と慰霊の巡拝を続けた。

沖縄戦の激戦地で終焉の地でもある摩文仁の丘に立たれた時の感懐を、皇太子はこう歌に詠んだ。

「戦火《いくさび》に焼き尽くされし摩文仁が岡みそとせを経て今登り行く」

この時詠まれた数首の歌には、和歌のほかに琉歌《りゅうか》もあり、魂魄の塔を題として詠んだ琉歌はこうであった。

「花よおしやげゆん人知らぬ魂 戦《いくさ》ないらぬ世を肝に願て（ハナユウシャギュン フィトゥシラヌタマシイ イクサネラヌユユ チムニニガティ）」

（花を捧《ささ》げます、人知れぬ御魂《みたま》に。戦のない世を心から願って）

皇太子はどうしてこのような琉歌の詠み方を身につけることができたのだろうか。

沖縄の歴史と文化へのおもい

皇太子ご夫妻と沖縄との人間的な関わりはご成婚から四年目の昭和三十八年以来のもので、まだ米軍施政下の沖縄から夏休みを利用して東京へやって来る本土親善中学生交歓訪問団（通称は「豆記者」）と対面されたのが始まりであった。

以来、豆記者を東宮御所や軽井沢のホテルに招いて言葉を交すのが毎夏の恒例になり、最初の訪沖をする昭和五十年までにその回数は十二回に及んでいた。

長年数多くの地元の少年少女と語り合うことで、ご夫妻にはそこへ行く前から沖縄が身近な親しみの持てる土地柄として意識されていたものとおもわれる。

まだ本土復帰以前なので訪問は叶《かな》わない沖縄に、ご夫妻を強く近づけたのが昭和四十三年の奄美大島訪問であった。

奄美から帰ったご夫妻は、そこを文化圏の一部とする沖縄の歴史と文化について知るために、共に沖縄出身で歴史学者の宮城栄昌《みやぎえいしょう》横浜国大教授と、国語学者外間守善《ほかましゅぜん》法政大学教授のご進講を受けた。

そして『おもろさうし』研究の第一人者である外間教授から、その歌謡集について詳しく教えられたことが、奄美を訪ねて以来皇太子が強く惹《ひ》かれていた琉歌の研鑽《けんさん》に一層打ち込ませる契機になった。

『おもろさうし』は、沖縄、奄美の島々に伝わる古謡を首里王府が採録、編纂《へんさん》した歌謡集で、大和の『古事記』『万葉集』『祝詞《のりと》』を合せたものに当る沖縄最大の古典である。

そうした基本的な事柄でさえ、現代では地元でも知る人が少ないのに、昭和四十四年二月に最初の進講に招かれた外間教授は、皇太子から極めて専門的な質問を次々に受けて、すっかり驚かされた。独学で既にかなりの素養を身につけていたのである。

最初の訪沖一日目に沖縄戦最後の戦場であった南部戦跡の「ひめゆりの塔」「魂魄の塔」「健児の塔」「黎明の塔」「島守の塔」を巡拝された翌日、皇太子ご夫妻は名護市屋《や》我地島《がじしま》にある国立ハンセン病療養所「沖縄愛楽園」を慰問に行かれた。

ハンセン病は、戦後特効薬プロミンの発見によって治療効果が劇的に向上し、予防と完治が可能な病であることが解ったが、当時は未だ不治の病のイメージも色濃く残っていた頃だ。けれど、ご夫妻は予定時間を五十分もオーバーして入園者の全員に話しかけられ、美智子妃は五本の指が隙間なく繋《つな》がった入園者の手を両手で慰め、入園者の一人はその時の驚きをこう歌に詠んだ。

「両殿下が抱かむばかりに面寄せて言葉賜へばなす術《すべ》しらず」

ご夫妻が愛楽園を出る時、見送りの人々の間から、地元の船出歌「だんじよかれよし」の合唱が湧き起った。「だんじよかれよし」とは祝いの文句で「まことにめでたい」という意味であるという。

この時のことも皇太子は琉歌に詠んでいる。

「だんじよかれよしの歌声の響き見送る笑顔目にど残る（ダンジュカリヨシヌ　ウタグイヌフィビチ　ミウクルワレガウ　ミニドゥヌクル）」

（まことにめでたい歌声が響いて、見送る笑顔が私の目にいつまでも残る）

皇太子が『おもろさうし』の勉学に励まれたのは、沖縄が復帰する時、迎える本土の人にとっても沖縄の歴史と文化を知ることが大切だと考えたからであった。

本土の人々も沖縄の人々も、『万葉集』を学ぶように『おもろさうし』の歌を知れば、双方に共通の理解が生れる筈《はず》だと考えたのである。

外間教授の『おもろさうし』の講義は、ご夫妻で受けられるのが常であったから、美智子妃にも琉歌を詠む素養はあったに違いないが、作歌を目にしたことはない。

皇后になられてからの平成六年、「波」という御題の歌会始で次の歌を詠まれた。

「波なぎしこの平らぎの礎と君らしづもる若夏《うりずん》の島」

使われた沖縄語は一語だけだが、ここに描かれた風景からは琉歌の響きが聞えて来る気がする。

幼少時代の読書の思い出

今上天皇の即位により年号が平成と替って十年目、美智子皇后はインド・ニューデリーで開かれるその年の国際児童図書評議会（ＩＢＢＹ）の世界大会に基調講演者として招待された。

会議に直接参加することが出来なかったので、「子供時代の読書の思い出」と題した美智子皇后の英語の基調講演は、ビデオテープに収録されて送られ、大会初日の午前八時半から約一時間上映されて、世界中の児童図書関係者の注目を集めた。

その講演を日本語に訳して刊行された書物『橋をかける』の文章を、こちらなりの要約で紹介したい。

……まだ小さな子供の頃、一匹のでんでん虫の話を聞かせてもらったことがありました。その元の話と思われる新美南吉の『でんでん虫のかなしみ』では、ある日突然自分の背中の殻に悲しみが一杯つまっているのに気付いたでんでん虫が、友達を訪ねてもう生きていけないのではないかと話すと、友達はそれはあなただけではない、私の背中の殻にも悲しみは一杯つまっていると語り、そのあと次から次へと訪ねた友達の答えはどれも同じものでした。この話は、私は私の悲しみをこらえていかなければならない、とでんでん虫がなげくことをやめたところで終っています。

私が小学校に入った頃に戦争が始まり、疎開先で終戦を迎え、教科書以外に読むものがなかった時代、父が東京からもってきてくれる本の中の一冊に、子供のために書かれた日本の神話伝説の本がありました。恐らく古事記や日本書紀から子供向けに再話されたものだったのでしょう。

私は自分が子供だったからか、民族の子供時代のようなこの太古の物語を大変面白く読みました。後になって認識したことですが、この本は日本の物語の原型を私に示してくれました。この原型との子供時代の出会いは、その後私が異国を知ろうとする時、まずその国の物語を知りたいと思うきっかけともなりました。

私にとって、フィンランドはカレワラ（民族叙事詩）の国であり、アイルランドはオシーン（伝説の英雄）やリヤ（伝説の海神）の子供達の国、インドはラマヤナ（古代叙事詩）やジャータカ（仏教説話）の国、メキシコはポポル・ブフ（マヤ文化の聖典）の国です。これだけがその国の全てでないことは勿論《もちろん》ですが、他国に親しみを持つ上で大層楽しい入口ではないかと思っております。

「国際化」とか「地球化」という言葉をよく聞くようになりましたが、子供の本の世界では、それはもうずっと前から始まっていたのではないでしょうか……。

この講演は隅々まで卓抜な洞察と見識に溢《あふ》れ、優れた文学論、文化論になっているので、真価を知るには全文を読んで頂くしかないのだが、ここではこのまま要約による紹介を続けよう。

……父のくれた古代の物語の中に忘れられない話がありました。倭建御子《やまとたけるのみこ》という古代の皇子は、父天皇の命を受けて遠隔の反乱の地に赴き、平定して凱旋《がいせん》しても、天皇はまた次の任務を命じて休息を与えません。新たな遠征の途中、海が荒れて皇子の船は航路を閉ざされてしまいます。その時妃の弟橘比売命《おとたちばなひめのみこと》は、自分が海に入って海神の怒りを鎮めるので、皇子は使命を遂行してほしいと云い、入水する前に別れの歌を歌います。

「さねさし相武《さがむ》の小野に燃ゆる火の火中《ほなか》に立ちて問ひし君はも」

このしばらく前、皇子と妃は広い枯れ野を通った時、敵に火を放たれ焔に追われて逃げ惑い、九死に一生を得ていたのでした。「あの時、燃えさかる火の中で、私の安否を気遣って下さった君よ」と、皇子の優しい庇護《ひご》への感謝の気持を歌ったのです。

悲しい「いけにえ」の物語は、それまでも幾つか知っていましたが、この物語の犠牲は少し違っていて、弟橘比売命の行動には倭建命と任務を分かち合おうとする意志的なものが感じられ、愛と犠牲が一つのものとして感じられた初めての経験で、同時にそれは背後に畏怖の念を感じさせる複雑な衝撃でもあったのでした……。

続いて美智子皇后は、同じ頃読んだ児童向けの「世界名作選」二巻を十数年前に入手して、記憶を確かめ直したことを話される。

その本にはキプリングの『ジャングル・ブック』の一挿話、ワイルドの『幸福の王子』、カレル・チャペックの『郵便配達の話』、トルストイの『人は何によって生きるか』、シャルル・フィリップやチェーホフの手紙、ケストナーやマーク・トウェイン、ロマン・ロラン、ラスキンなどの作品が紹介され、カルル・ブッセ、ウィリアム・ブレイク、タゴールなどの詩も並んでいた。

それらの中から、美智子皇后が特に選び出して詳しく語ったのは、手に一マルクを握ってパンとベーコンを買いに走り出した小さな男の子が、気がつくと手の中のお金がなくなっていたというケストナーの詩『絶望』と、学校で盗みの疑いをかけられた貧しい家の子供が、全身を調べられている最中に、別の所から盗難品が出てきて疑いが晴れるというロシアのソログーブの『身体検査』であった。

美智子皇后の子供時代の読書の思い出と再読の経験を通じて伝わって来るのは、人間の悲しみに共感する感受性が大変豊かに備わっていたのに相違ないという印象である。

このあと五七五七七の定型で歌われた和歌が心に与える喜びと高揚、「世界名作選」で愛誦した訳詩の原文に大学の図書館で再会し、英語の詩では同音を含む言葉の連係から生ずる調べが快く思われたことなどを語って、最後に読書への感謝を次のように述べた。

「読書は、人生の全てが、決して単純でないことを教えてくれました。私たちは、複雑さに耐えて生きていかなければならないということ。人と人との関係においても。国と国との関係においても」

この講演の価値は今後時が経つ程に増して行くに違いない。

皇室は祈りでありたい

昭憲皇太后が明治四年に吹上御苑で始められた宮中の養蚕は「皇后御親蚕《ごしんさん》」と呼ばれて歴代の皇后に受け継がれて来た。

現在は皇居の森の中の小高い丘に佇《たたず》む「紅葉山御養蚕所」で、日中交雑種と欧中交雑種の蚕、それに日本産種の「小石丸」が飼育されている。

日本の純粋種である小石丸は繭《まゆ》の採れる量が少ないため、外来の新品種に座を譲り、一般の養蚕農家ではもう飼育されていない。御養蚕所でも飼育中止が検討されていたが、美智子皇后の「繭の形が愛らしく糸が繊細でとても美しい。もうしばらく古いものを残しておきたいので、小石丸を育ててみましょう」という意向により辛うじて生き残った。

そこへ平成五年、正倉院宝物の復元模造に取り組んでいる奈良の宮内庁正倉院事務所から、古代の染織品を復元するために、当時の繭に最も近いとおもわれる御養蚕所の小石丸を使わせて貰《もら》えないか、という申し入れがあった。

その頃御養蚕所で生産する全種合せて二百四十四キロの生繭《せいけん》のうち、小石丸の収繭量は僅か三・三パーセントの八キロでしかない。従って正倉院の染織品復元に要する量を満たすのは非常に難しく、美智子皇后は人手が少ない御養蚕所の所員の負担が過重になるのを気遣われたが、結局要請を受け入れ、「正倉院宝物染織品復元十箇年計画」に加わった御養蚕所では、小石丸の収繭量を従来の六、七倍に増やすことにして、初年度には四十八キロの生繭を正倉院事務所へ送り出した。

御養蚕は美智子皇后が中心になって行なわれ、一回の養蚕期間のうち二日に一度は、多忙なご公務の合間を縫い、紺絣《こんがすり》の着物の上衣にスラックスという姿で所員と共に作業をされた。皇后は皇太子妃の頃から養蚕について幾首も歌を詠まれているが、この「十箇年計画」の間の心境を伝えるものに次の一首がある。

「この年も蚕飼《こがひ》する日の近づきて桑おほし立つ五月晴れのもと」(「おほし立つ」は「生し立つ」の意)

小石丸の増産が始められてから十年目の平成十六年三月に、染織を京都の川島織物が担当して絢爛《けんらん》華麗《かれい》な古代裂《こだいぎれ》を大量に復元した「十箇年計画」は無事終了した。

収繭量が増えた小石丸の糸は、続いて鎌倉時代に製作された『春日権現験記絵《かすがごんげんげんきえ》』（大和絵で描かれた社寺縁起絵巻の代表作であると共に歴史資料としての価値が極めて高いとされる）全二十巻の表紙裂地の復元に用いられることになった。

以上は「皇后陛下古希記念」として刊行された『皇后さまの御親蚕』という本で知ったことである。美智子皇后が国民の多くの目に触れないところで、わが国の伝統文化を後世に伝えようとする地道な努力を、いかに根気よく続けているかが察せられるであろう。

美智子皇后は「伝統」に関して独特の考えを持っていて、御結婚五十年の記者会見で、お二人で守って来られた皇室の伝統について質問されたのに対し、こう答えられた。

「伝統と共に生きるということは、時に大変なことでもありますが、伝統があるために、国や社会や家が、どれだけ力強く、豊かになれているかということに気付かされることがあります。一方で型のみで残った伝統が、社会の進展を阻んだり、伝統という名の下で、古い慣習が人々を苦しめていることもあり、この言葉が安易に使われることは好ましく思いません。

また、伝統には表に現れる型と、内に秘められた心の部分があり、その二つが共に継承されていることも、片方だけで伝わってきていることもあると思います。ＷＢＣで活躍した日本の選手たちは、鎧《よろい》も着ず、切腹したり、ゴザルとか言ってはおられなかったけれど、どの選手も、やはりどこか『さむらい』的で、美しい強さをもって戦っておりました」

このように言葉の表現はいつも和らかで、それがいかにも「和の国」であるわが国の皇后陛下にふさわしくおもわれる。

また伝統には守るべきものとそうでないものがあるという話は、ご結婚されてから、皇太子殿下が宮廷内の強い反対を押し切って、天皇家の伝統であった親子別居とそれを支えていた乳人《めのと》制度を廃止し、親子同居の家庭生活という画期的な改革を実現されたことをおもい出させる。

美智子皇后の記者会見でのご発言や、宮内記者会の代表質問に対し文書で寄せられた回答で、発表当時から私の記憶に強く残っていた箇所は次の二つであった。

一つは御即位十年に当っての記者会見で、十年を迎えたお気持を聞かれ、次のように答えられたことだ。

「社会に生きる人々には、それぞれの立場に応じて役割が求められており、皇室の私どもには、行政に求められるものに比べ、より精神的な支援としての献身が求められているように感じます」

「様々な事柄に関し、携わる人々と共に考え、よい方向を求めていくとともに、国民の叡知《えいち》がよい判断を下し、人々の意志がよきことを志向するよう常に祈り続けていらっしゃる陛下のおそばで、私もすべてがあるべき姿にあるよう祈りつつ、自分の分を果たしていきたいと考えています」

このご発言は「皇室は祈りでありたい」という皇后陛下の願いとして、かねてより伝えられていたことであった。

もう一つは、その三年前のお誕生日に、若い世代を中心に皇室への無関心層が増えているように思いますが、今後、皇室と国民の絆《きずな》を強めるためにどのような努力が必要だとお考えでしょうか、という宮内記者会の代表質問に、文書でこう答えられたことである。

「常に国民の関心の対象となっているというよりも、国の大切な折々にこの国に皇室があって良かった、と、国民が心から安堵《あんど》し喜ぶことの出来る皇室でありたいと思っています。

国民の関心の有無ということも、決して無視してはならないことと思いますが、皇室としての努力は、自分たちの日々の在り方や仕事により、国民に信頼される皇室の維持のために払われねばならないと考えます」

このように答えられるより五年前に、われわれは既にそのような皇室と国民の結びつきを、テレビを通じて目の当りにしていた。

国の悲しみを国民と共に悲しむ

平成三年七月十日は、皇室と国民の間に、遥《はる》かな古《いにしえ》からの伝統を踏まえつつ、全く新たな結びつきが生れた日であった。

その一年前の十一月半ばから始まった雲仙普賢岳の噴火は、次第に拡大の度を増し、この年の六月三日に発生した火砕流は、取材に当っていた報道関係者十六人と同行のタクシー運転手四人、アメリカから来た火山学者ら四人、警戒中の消防団員十二人、警官二人、住民ら六人など合せて四十四人の死者・行方不明者と九人の負傷者を出す大惨事を生み、警戒区域に設定された山麓の住民一万人以上が避難生活を余儀なくされた。

それから約五週間後の七月十日午前、天皇、皇后両陛下は、定期便の民間機で長崎空港に着き、政府専用のヘリコプターに乗って県立島原工業高校のグラウンドに降り立った。天皇が災害のさなかに被災地を訪問されるのは戦後初めてのことであった。

両陛下はまず火砕流で死亡した消防団員の遺族三十四人が集まっていた近くの旅館を訪ねて、一人一人に慰めと励ましの言葉をかけられた。そのあと背広の上着を脱いでネクタイを外しワイシャツの袖をまくって被災者と同じ夏向きの軽装になった天皇陛下は、皇后陛下と共に仮設住宅と避難所巡りを始めた。

島原市総合体育館を利用した避難所に入られた時、臨時に敷かれた畳に坐《すわ》っている被災者達に近づいて行った天皇陛下は、ごく自然な動きで膝を曲げて腰を落とされ、硬い板敷きのままの床に正座して、相手と同じ目の高さで見舞いの言葉をかけられた。「膝突き合わせて」という常套句《じょうとうく》があるが、まさにその通りの恰好《かっこう》で、後に随《したが》った美智子皇后も硬い床に膝をつき、顔を寄せて被災者を慰めた。

これは本当に被災者の苦しみと悲しみに心を寄せていなければ出来ない姿勢であるとおもわれ、硬い床に膝をつけられるのは、以後に起った幾つもの災害で避難所を慰問する際、必ずそうされる定型となった。

美智子皇后の災害地慰問で心に深く残るのは、平成七年一月十七日に発生した阪神・淡路大震災の被災地を三十一日に見舞われた時、ジャンパー姿の天皇陛下に同行され、まだ行方不明者と遺体の捜索が続く神戸市長田区の焼け跡に、皇居から摘んで来た黄色い水仙の花束を敬虔《けいけん》に捧げて弔意を表し、体育館や小学校の避難所の床に膝をつかれて被災者を優しくいたわられた皇后陛下に、感極まった一人の女性がおもわず縋りつきそうになった場面であった。きっと温かみのある母性を象徴する存在のように感じられたのだろう。

戦後のわが国に最大の苦しみと悲しみを齎《もたら》した東日本大震災が平成二十三年三月十一日に発生すると、天皇、皇后両陛下が三十日に東京武道館に避難していた被災者を見舞われたのを皮切りに、皇太子、皇太子妃、秋篠宮、秋篠宮妃、常陸宮、常陸宮妃が、相次いで都内や近県の避難所を慰問された。

親兄弟やわが子や配偶者や親友を失った人々の苦しみや悲しみが想像を絶するものであるのはいうまでもあるまいが、被災者にとっては不幸のどん底にあって国や自治体から見捨てられた気持になるのもまた大変辛《つら》いことであるに違いない。

そういう時、「日本国の象徴であり日本国民統合の象徴」である天皇陛下と皇后陛下、それに皇族方の慰問は、国は被災地と被災者を見捨てない、という気持の表れとして、大きな慰めと励ましの力になる。

国の悲しみを国民と共に悲しむ。その皇室の姿勢を象徴的に示すものとして感銘を受けたのは、四月二十七日に宮城県南三陸町を慰問された天皇、皇后両陛下が、瓦礫《がれき》の山に向って黙禱《もくとう》を捧げられた場面であった。

この瓦礫の山は、東日本大震災の厖大《ぼうだい》な犠牲者と被災者のありとあらゆる苦しみと悲しみの象徴である。

そこに籠められた無数の物語に対する想像力を、われわれは長く忘れないようにしたい……。切実にそうおもわされた両陛下の黙禱であった。

このあと両陛下は、南三陸町の歌津中学校体育館へ行かれ、いつもの避難所慰問の例に洩《も》れず、床に両膝をつけて被災者の一人一人に声をかけられた後、手を振って退出される際に、被災者から起った「有難うございました」という声が最後には拍手に変った。両陛下の慰問が被災者に希望を齎したことの証明であろう。これがなければ被災者の苦しみと悲しみと辛さは、更に深まっていたかもしれない。

戦後のわが国が最も活力に満ちていた昭和の後半に皇太子、皇太子妃として、さまざまな面で次第に厳しい状況に置かれた平成の時代には天皇、皇后として、両陛下が存在されたのはわが国にとって幸運なことであったとおもう。

そして、いささか唐突の感を与えるかもしれないが、お二人が結ばれるまでの経緯を考えれば、数々の猛反対にも屈せず、民間からの出身である美智子さまを皇太子妃の第一候補として貫き通した小泉信三の功績の重要さを、改めて痛感せずにはいられないのである。

あとがき（本書解題）

本書の目次を開いて、特に前半の部分には、名前だけは漠然と覚えていても、どんな人物か詳しくは知らないという人の方が多いだろう。中には見たことも聞いたこともない名前もあるかも知れない。

まず冒頭の聖徳太子だが、そういう名前の人は実在しなかったという説がある。

六世紀の末頃に即位した推古女帝の下で政務を司《つかさど》った甥の厩戸皇子《うまやどのおうじ》は実在するが、「聖徳太子」として語られる事績は概ね伝説で、特に太子が制定したと伝えられる「憲法十七条」は後人の創作だとする説である。

そうではないと私が想定する理由は、群卿《ぐんけい》と官吏の服務規律である「憲法十七条」に示された視野の広さと見識の高さは、王者の視点の外からは決して生れ得ない性質のものであると考えるからだ。

権力者や上級の官吏は人間の関係を位の上下でしか考えられない。だが「和を以て貴しとす」の第一条を初めとして、「われかならずしも聖にあらず、かれかならずしも愚にあらず、ともにこれ凡夫のみ」の第十条を経て、「それ事を独り断《さだ》むべからず。かならず衆と論《あげつら》うべし」の第十七条に到るまで、人間を上下の関係ではなくみな同じ平面に立つ者として考える人の目にしか映らない認識が常に一貫している。「憲法十七条」が何より重んじたのは和《やわらか》なる「衆議」で、これが権力者や上級官吏の発想とはとても思えない。

わが国の古代における最大の内乱であった「壬申《じんしん》の乱」は一体どうして起こったのか――。五味文彦・鳥海靖編の『もういちど読む山川日本史』は、こう説明する。

天智天皇が崩御した後「その子大友皇子と天皇の弟大海人皇子《おおあまのおうじ》のあいだに皇位をめぐる争いがおこり、畿内はもとより美濃・伊賀・伊勢・尾張の地方官や豪族をまきこむ大きな内乱となった（壬申の乱）。天智天皇の政治に不満をもっていた豪族は大海人皇子に味方したので、乱は大海人皇子側の勝利におわり、翌年皇子は、飛鳥浄御原宮《きよみはら》で即位して天武天皇となった」

大筋はこの通りと思うが、私はそれに乱は「唐風」と「国風」の戦いであったという見方を付け加えたい。徹底して唐風の文化を重んずる大友皇子に対して、大和言葉と和歌をこよなく愛する大海人皇子が乱を起こし、勝利を収めたことから、やがてわが国の大和言葉を初めて漢字で書き表わした物語の『古事記』が生れて国文学の基礎を築き、伊勢神宮の古代の姿をそのまま今に伝える式年遷宮の儀式が創始された。

この時大友皇子の近江朝廷側が勝っていれば、近江京と諸国の官庁の公用語は漢語で、上流階級と知識階級は漢文で読み書きし、和語しか話せない大多数の国民は読むことも書くこともできない二重言語の国になって、結局は唐の冊封体制下の一小国と化していたに相違ない。

行基《ぎょうき》の名前は、仏教の専門家は別として知らない人が大多数であろう。しかし、この人がいなければ奈良・東大寺の大仏建立が実現していなかったのは確かである。

わが国で最初の大僧正に任じられたかれは、まず衆を惑わす「妖僧」として巷に現われて、都の郊外に一万もの人を集めて朝廷に脅威を与え、厳しい禁圧の対象となった在野の僧であった。

それがどうして官僧の頂点に立つ大僧正になったのか、その経緯は本文で読んで頂きたいが、かれは官僚化した旧仏教体制に対する宗教改革者——いわば日本のプロテスタントだったのである。しかもマルティン・ルターより八百年も前の人だ。

ルターの宗教改革を更に厳格化したカルヴァン主義から生れて近代資本主義の原動力となった清教徒と、仏に近づく菩薩行《ぼさつぎょう》として東大寺造営や大仏建立の仕事に献身した行基の弟子の「知識衆」とは内容的にさほど変わらないのである。われわれの祖先は今から千二百年以上も前、既に初期の「資本主義の《精神》」を身につけていたといえるのかも知れない。

日本人に最も愛された仏像である興福寺の阿修羅像は、多くの人がモデルを少年と推定するが、簡素な身なりで首飾りや腕輪をつけている細身の体軀は、私の目には女性に映る。何より重要なポイントは八部衆の他の七体は仏法の守護神らしく堅固な鎧《よろい》を身に纏《まと》っているのに、阿修羅だけは武装していないことだ。

その身なりは裾を長く引いた正装でも礼装でもない。どう見ても日常生活で自由に動き回る時の普段着だ。服装は普段着なのに、ネックレスやブレスレットなど何《いず》れも舶来の高級ブランド品に違いないアクセサリーを身につけている。

仏法の守護神阿修羅のモデルとして、皇后宮職から彫像の重任を託された仏師の前に、日常の普段着で立てるのは、私の考えでは唯一人しかいない。

興福寺の阿修羅像は、夫の聖武天皇をしっかりと支え、かつ仏法の強力な守護神となるために、多くの敵対者を向こうに回して、その像の姿通り「三面六臂《さんめんろっぴ》」の働きを続けていた女性の——直向《ひたむ》きな決意を体した天才彫刻家将軍万福が、精魂籠めて写し取った光明皇后の肖像と観て恐らく間違いあるまい。

本居宣長の『古事記伝』の頁をめくってみて、あまりの手強さに冒頭の部分だけで通読を断念した人は少なくないと思うが、宣長と今や世界映画史上最高の監督に選ばれている小津安二郎が同族の家系と知れば、また新たな興味が生じて来ることもあるのではなかろうか。

明治天皇、津田左右吉、棟方志功、太宰治、小津安二郎、木下惠介、美智子皇后陛下についての各篇が、どのような視点からのものであるかは本文で確かめて頂きたい。

本書は雑誌「正論」の編集長（当時）桑原聡氏から依頼を受け、「私が愛した日本人」という通しタイトルで同誌の二〇一三年十一月号から一年間連載した文章に、添削の筆を加えて成ったものである。

文庫本は単行本の後に出るのが普通だが、本書に先行する単行本はない。連載中は文末に「参考資料は単行本刊行時に記します」と付記していたけれど、主な参考文献は文中に明記してあるので、本書では敢えてそれ以外の資料の列記を割愛させて貰った。連載中は小島新一編集長、永井優子編集部員（当時）に大変お世話になった。心から感謝の意を表したい。

本書は前に集英社文庫で『古事記とは何か　稗田阿礼《ひえだのあれ》はかく語りき』を編んでくれた飛鳥壮太文庫編集部員にさまざまなご苦労をかけて作って貰った。

この本を読んで、これまであまり語られることがなかった歴史的事実に新鮮な興味を感じる人が増えてくれれば、筆者としてこんなに嬉しいことはない。

平成二十八年二月

長部日出雄